せんさいな
ぼくは
小学生に
なれないの？

沢木ラクダ

小学館

プロローグ

4月8日［金］

入学式に入れない

小学校の体育館。今日は、むすこの入学式だ。ぼくは保護者席に座り、むすこが入場してくるのをカメラを片手に待ち構えていた。となりの席に妻はいない。教室までむすこを送りに行ったまま、なかなか戻ってこないのだ。

式の開始時刻となり、担任を先頭に、新1年生が入り口から入場してくる。スーツやドレスで着飾り、胸には新しい名札とコサージュをつけている。緊張している子もいれば、うれしそうに笑顔を周囲に向ける子もいる。かわいらしく、晴れ晴れしい入学式の一コマだ。

1組、2組と入場してくる姿を目で追っているのだが、列のなかにむすこの姿が見当たらない。

「おかしいなぁ。まさか」と思って、体育館の入り口のほうを見ると、付き添っていた妻とともにむすこが立ち往生している。妻はむすこになにやら諭している。先生も何人か寄ってきて、入場をうながしている。だが、むすこは緊張し過ぎて体育館に入れないようだ。

入場が終わると、保護者や先生たちの視線が入り口で立ち往生する母子に集まる。それでも、むすこは動かない（実際は会場に圧倒されて動けなかったようだ）。機転を利かせた男の先生がパイプ椅子を持ってきて、その場で二人は着席することになった。

何事もなかったかのように、式は粛々とはじまっていく。国歌斉唱、校歌斉唱、校長のあいさつとつづく。

「みなさん、ご入学おめでとうございます。この小学校では、まず、あいさつができることを目指します」と、校長は話をはじめた。

「朝、会ったときは――」と校長が言うと、子どもたちは元気な声で「おはようございます！」と応じる。

「昼は？」

「こんにちは！」

子どもたちから自然と大きな声があがる。むすこは、妻と一緒に入り口付近で椅子に座って不安そうに式を見つめている。

あいさつ推進校か……。小学校としてはごく当たり前であろうスローガンを前にし、ぼくはいやな予感を抱いていた。

うちのむすこは、年中のときに保育園から幼稚園に転園してから、朝のあいさつを繰り返し求められたのがよほどいやだったのか、あいさつをしないことにかけては徹底した意志の強さを持つようになっていた。先生にだけ聞こえる小さな声であいさつをすることはあったものの、自ら積極的にしたことは一度もない。また同じことが繰り返されるかもしれない。せめて、言葉以外の違うかたちでも、あいさつに代えさせてもらえる柔軟な担任だといいのだが……。

各クラスの担任などの紹介が終わると、子どもたちは体育館から一度退場する。しばらくして、集合写真を撮影するために子どもたちは体育館に戻ってきた。

1年生なので整列はただでさえうまくいかず、時間がかかる。むすこは壇上で足がなえて、妻のひざに座ろうとしている（極度の不安で母親から離れられなくなっていた）。なんとか、妻が二人羽織のように背後に隠れながらむすこを支えて撮影に臨んでいた。

そんな様子をやきもきしながらぼくはずっと見つめていた。さて、ここがスタートとして、6年間でどれくらい成長できるかな――。

このときは、まだ気楽に考えていた。

＊

この本では、コロナ禍のある年の春に小学1年生になった長男の「行きしぶり」と「不登校」について、読者のみなさんと体験をシェアしたいと思う。

むすこはおそらく「ＨＳＣ（Highly Sensitive Child＝ひといちばい敏感な子ども、環境感受性が高い子ども）」と呼ばれる心理的特性を持っている。外交性、協調性などと同じパーソナリティの一つとされ、最近、話題になることが増えた「繊細さん」＝「ＨＳＰ（Highly Sensitive Person＝ひといちばい敏感な人、環境感受性が高い人）」の子ども版だ。思いつくままに挙げても、むすこには、以下のような特徴があり、それらはＨＳＣのよくある傾向だといわれている。

- 大人の心をよく察する
- においや音に敏感
- シャツの首元についているタグがチクチクするのを嫌う
- 新しいことをはじめる前に、とても時間をかけて観察する
- 人前で話すのがとても苦手……

ＨＳＣは、病気や障害ではなく、気質や性格の特性であり、わかりやすく言えば発達の凸凹と考えられる。心理学の研究にもとづく感受性の尺度はあるが、医学的に診断されるものではない。その特性は、0か1で持つものというより、濃淡のあるグラデーションなので、いわゆる〝定型発達〟（なにをもって〝定型〟なのかはよくわからないが）の人でも、先ほど挙げたような特性に心当たりがある方もいるかもしれない。しかし、5人に1人ほどの

割合でいるといわれるＨＳＣは、自分の意思ではどうにもならない、はっきりとした凸凹の傾向を持っているようだ。それが集団生活を行ううえでは困難につながることも少なくないという。

規律の少ない幼稚園ではこの特性が「問題」化することはなかったのだが、ルールや集団行動の多い公立小学校に入るやいなや、この特性にともなうのであろうむすこの行動が「問題」として立ち上がっていった。

入学早々に行きしぶりをはじめ、５月の連休明けには学校に通うことができなくなってしまったのだ。

「共働きで忙しいのに、むすこが学校に行かない」

ぼくたち夫婦は途方に暮れ、正直うろたえた。つい３月まで元気に幼稚園の園庭を駆け回っていたむすこが、うつろな表情をして自宅で毎日テレビを見ながら過ごしている。え、これって、不登校？　なぜ？　小１でなるの？　ＨＳＣって、なに？　いちばん身近な子どものことがよくわからなかった。いったいぜんたいどういうかたちであれば、この子は学校に通えるのか？　あるいは、学校以外の選択はどう可能なのか？　親の常識は、揺さぶられつづけた。

これは、ぼくたち夫婦と、むすこの葛藤と模索の日々のはじまりの記録である。

我が家の家族構成

むすこの父である筆者（執筆当時40歳）は、本づくりや取材執筆活動を行っている。取材や打ち合わせがなければ自宅で働き、料理以外の家事を主に担当。妻（40歳）は教育関係者。9時〜17時に近い働き方で、職場に出勤することが多い。寡黙で優しい小1の長男（6歳）と、おしゃべりで陽気な保育園児の次男（3歳）の4人家族。

目次

第1週

4月11日［月］

父も1年生？

朝7時45分ごろ。むすこの通う公立小学校では、集団登校が行われていて、地区ごとに登校班がいくつかつくられる。むすこの班は、全学年で約10人、そのうち1年生は4人。もともと交流のある近所の友だちも二人いるので、不安感の強いむすこには心強いと思っていた。

集合場所は、近所の駐車場前。今日は、入学式後の初登校日。初日なので、親も集まり、みんなで顔合わせのあいさつをする。親は交代で登校を見守ることになっている。うちは共働きなので、見守りを二人で交代してやることになる。あいさつには妻とぼくが、次男も連れて参加した。

6年生から順に名前を言い、あいさつする。人前で話すことが苦手なむすこは、妻の陰に隠れてなにも言わない。これはいつものことだ。

列の先頭と最後尾は高学年の子で、むすこは3番目に並ぶことになる。大人も一人、通学路の途中まで付き添う。

出発の時間となり、列がゆっくり進む。むすこも歩きはじめるが、となりにいた妻の手をぎゅっと引き、離さない。手を引かれるまま、困った顔をして妻も歩いていく。この日、妻は仕事で付き添いはできないはずだった。

まずい。最初から、予想外の展開。

ぼくは自宅に一度戻り、保育園に通う次男を電動自転車に乗せて、急いで列を追いかける。

学校は山裾にある自宅から小さな谷を越えた向こうにある。徒歩15分ほどの距離だ。下り坂に入る手前にある狭い抜け道のような公道の入り口で、子どもたちの列が止まっていた。ほかの班の登校時間と重なり、渋滞しているようだ。そこで妻とさっと入れ替わる。妻は次男を乗せた自転車にまたがり、保育園へ向かった。

ぼくは不安で目を曇らすむすこと手をつなぎ、一緒に歩きはじめる。

朝の通学路は、とてもにぎやかだ。制服に身を包んだ中学生、黄色い旗を持つ見守りの地域の人や、PTAのカードを首からぶら下げた保護者たちが行き交う。谷を抜けたところにあるマンションの前には、足場の鉄骨を積んだトラックが停まり、仕事にとりかかろうとしている。

通り過ぎていく子どもたちに、「おはようございます、いってらっしゃい！」と連呼するおじいさんがいる。町内会の人だろうか。

校門前には、メガネをかけた40代くらいの男の先生が一人立っている。あいさつし、グラウンドに入っていく。ドッジボールをしている高学年の子たちが駆けていく。

「楽しそうだね。休み時間にあそべるんだよ」とむすこに声をかけると、「一人では学校に入れない」と立ち止まって言う。

「付き添いは玄関までね」

そう言って一緒に玄関に入ると、上靴は自分で履いた。だが、「教室まで来てほしい」と言う。

丘の上に小学校が建っているため、1階にあるむすこの教室へは玄関から階段を下りていくことになる。階段の前で、近所の1年生の子が道に迷っていた。

「教室どっちだっけ?」

「階段を下りて、右側だよ」

緊張して身動きがとれなくなったむすこをズルズル引きずりながら、教室へ向かう。

教室の前に着くと、担任の先生がいる。定年も近いと思《おぼ》しき、ベテランの女性教師だ。

「ちょうど、探していたんだよ」と、先生がむすこに声をかける。むすこはさっとぼくのうしろに隠れる。

むすこの席はいちばん前だった。教室は男女を混ぜて、五十音順で座席や並ぶ順番が決められている。コロナ禍のためか、「となりの席」はなく、一つひとつの席が1メートルほど離れている。

「最前列で、となりの席がない」という環境は緊張しやすい子どもには楽ではない。むすこは教室のうしろで佇み、自分の席に行きたがらない。

すごく緊張しやすい性格であることは先生には伝えてあった（HSCの特性があることはこの時点では知らないので、大きな配慮は求めていない）。先生は機転を利かせて、「近くの椅子でいいよ」と教室の右うしろに余っていた席を持ってきてくれる。そこにとりあえず着席する。

「自分の席に行く？」と何度かうながしても、「行かない」とむすこは頑《かたく》なに言う。

しばらくして、ホームルームがはじまる。

「起立」

「気をつけ」

「おはようございます」と朝のあいさつ。

30年以上前のぼくが小学生だったころと変わらない、教室のなつかしい風景。

着席すると、先生が出欠を取りはじめる。

「足立さん」

「はい！」

「石川さん」

「はい！」

むすこの番が来て、「沢木さん」と呼ばれる。が、むすこはやはり返事をしない。

手を取って一緒に手を挙げる。

「はい、いいですね」と先生は言い、次の子に移っていく。

「では、ランドセルを椅子に置いてください。次は、手を洗います」と、先生が朝のルーティンの手順を紹介していく。もちろん手を洗うのはコロナ禍以降からだろう。

むすこをまた引きずりながら洗面所に行くと、長い髪を二つにむすんだ女の子に「なんで一人じゃないの？」と聞かれる。

「一人だと緊張しちゃうんだ」としゃべらないむすこの代わりにぼくが言う。

ふーんという顔をして、女の子はすぐいなくなる。その子には、特別支援学級の先生がそばについているようだ。

教室のうしろの席に戻る。二つとなりの席にいる背の高い男の子がうなだれている。あいさつで立ち上がらず、手を洗いにも行かず、ぶすっとした様子でずっと席に座っている。マスクをしていて、表情がよくわからない。不機嫌なのかな、どうしたのかなと思ってしばらく見ていたら、しくしく泣きはじめた。

そこで気づく——。

ああ、むすこだけじゃないんだ。

その子は、身長はもう2、3年生のよう。でも、寂しいんだ。つい何日か前まで、幼稚園か保育園にいたのだ。それぞれの子が、不安を抱えながらがんばっている。

むすこの緊張をほぐそうと、机のとなりにしゃがんで指相撲をする。

先生による朝のルーティンの紹介はつづく。

「ランドセルのなかのものを出してください」

「ランドセルを教室横の棚に入れてください」

といった要領で、手順を伝えていく。ぼくはむすこと一つひとつ確認して、作業を進めていく。

「次は連絡帳を出してください」と先生が言うと、「ない！ 電話してお母さんに持ってきてもらう！」という子もいて、小学1年生は微笑ましい。

「では、次はランドセルから出したものを机のなかに入れてください」――そう言われたときのことだ。

むすこは座っていた席のなかに荷物を入れようとして、その手を止めた。

「やっぱり自分の席に入れるわ」

そう言うと、ぼくの手を引き自ら移動した。自分の席じゃないと思ったようだ。

いちばん前の自分の席に移動すると、となりには近所の知っている子がいる。入学式後に知り合い、前日に予行練習的に一緒に公園であそんでいた。

が、二人ともシャイでなにも話さない。あとあと話しやすくなるかもしれないと、ぼくが「昨日、楽しかったね」と少し話しかけてみたが、「へ？」みたいな薄い反応……。

朝のルーティンは淡々と進むし、順番通りにやればいいだけなので、だんだんむすこは安心して緊張がほぐれていく。

「時計の長い針が6（8時半）になったら出るよ」

「まだいて」

「8（8時40分）になったら出るよ」

「まだ」

時が経つにつれ、安心した様子が感じられるようになったので、「12（9時）になったら出るね。もう仕事だ」と言っておいて、少しずつ机から離れて様子を見る。

となりにいなくても大丈夫そうだったので、9時になったところで、すすっと教室を出る。最初はきょろきょろぼくの姿を探していたけど、追ってはこない。

大丈夫そうだ。

先生に会釈して退出する。という感じで、少しずつ。

自分が入学したみたい……。

4月12日［火］

親は教室で付き添いをするべきか

朝7時50分。登校班の集合場所に向かう友だちの声が聞こえはじめると、むすこは母に連れられ、さっさと家を出ていった。

ぼくも家を出ようとすると、次男がシャボン玉液を靴にこぼしている。あー、あとで洗う、あとで、と思いながらあたふた。

次男は、今日も妻が送るはずだったよなあ……と思いながら、次男の手を引き、サンダルをつっかけて二人を追いかける。

集合場所の駐車場前に着くと、ちょうど登校班の列が出かけるところだった。やはりむすこは母の手を離せないでいるようなので、またそこで交代して一緒に登校することに。

2日目は、むすこの足取りが軽い。

6年生の子が、道すがら1年生に話しかけている。

「きみ、身長何センチ？」

「130センチかな、わからん（実際は120センチもない）」

「おれ1年生のとき122センチだったから、きみのほうが大きいなぁ」

その6年生は面倒見がよく、何度もむすことあそんでくれたことがある。だが、なにを聞かれてもむすこはむごん。父親がいるから話さないのではないかという気もしてくる。

学校の玄関まではとてもスムーズに着き、上靴は自分で履く。

今日は、昨日より早く学校を出られそうだと、ぼくは楽観的になっていく。

教室に入ると、いちばん前の席に着く。

前日に聞いたルーティンに従って、ランドセルを席に置き、手を洗い、ランドセルの中身を出す。そしてランドセルを横にある棚に置く。ひとまずそこまでは全部一緒にやるが、昨日よりずっとスムーズ。ただ、昨日、父が急にいなくなったことを気にかけ、ずっと手をつないでいるか、体が触れた状態でいる。

ホームルームがはじまると、先生は「お名前を呼ばれたら、手をまっすぐ上に挙げて、『はい、元気です』と言いましょう」と言う。

先生が出欠を取りはじめる。みんな元気に返事をする。

「足立さん」

「はい、元気です！」

「石川さん」

「はい、元気です！」

「加藤さん」

「はい！」

「はい」とだけ返事する子には、「元気だよね？」と先生が声をかける。

「沢木さん」と呼ばれても、もちろんむすこは今日もむごん。せめてとぼくが手を取って挙げさせる。先生は特にとがめることもなく、「元気だね」と言って、すぐに次の子に声をかける。うちのむすこは、緊張がひといちばい強いのだが、一方で元気なことくらい見ればわかるでしょ、と思っている節もある。


一通り終わると、先生が言う。

「学校で大人を見かけたり、登校のときに立っている先生がいたら、あいさつしましょうね。今日は、沢木さんのお父さんもいます。あいさつしましょう」

先生からうながされ、子どもたちが元気な声で「おはようございます」と言う。

このおじさんは、なんで教室にいるんだろうと見ている子もいるだろうから、あえて触れてくれたのだろう。

ぼくは、「おはようございます」とその場で立ってあいさつする。

年配の校長先生と、若い栄養士の先生が通りすがる。先生が「あいさつしましょう」と言って、クラス全員で二人にあいさつする。

「どっちが校長先生？」

子どもから声があがり、くすくす笑いが広がる。何人かの子が右側にいる校長先生を指差し、「あっちだよー」と言う。

授業がはじまる。

「今日は、国語の授業です。ノートを集めるので、出してください」と先生が言う。

自分のころのことはよく覚えていないが、2日目からもう授業をはじめるのか、と驚く。

子どもは、いつの時代も変わらない。

先生がノートの回収をはじめると、「あ、カバンのなか！」と言って、教室脇の棚まで取りに行く子がいたり、急に立ち上がって、「○○さん、どこ行くの？」と先生に聞かれても、なにも言わずにトイレに駆け込む子がいたりと、なかなかにカオスだ。ランドセルを先生の机の上に置きに来て、自分の机にしまってもらおうとする強者もいる。

そんなこんなで、準備はゆっくり進む。むすこはずっと、ぼくと手をつないでいる。「うしろで見てるよ」と、手を振り払い少しずつ離れてみたりもした。だが、しばらくすると、ぼくがいる教室のうしろに来てしまう。

「時計の針が6（8時半）で帰るよ」と、ぼくは言う。

だが、むすこと離れられないまま8時半を過ぎる。今日は早めに出られそうと期待していたのもあり、だんだんイライラしてくる。

むすこの席のとなりにいると、手か足が常にぼくに触れた状態になっていて、帰らせまいとしている。

「7（8時35分）で帰るよ」と、時計の針を指差す。

でも、離れようとすると、むすこは「自分も帰りたい」と言う。

そうこうしているうちに、チャイムが鳴り、授業がはじまる。国語の教科書を開く。遠足に行く子どもたちの風景が描かれている。それを教室のスクリーンに映し出し、「なにが見えるかな?」と先生が問いかける。

「はい!」「はい!」「はい!」

元気に手を挙げる子どもたち。一人ずつ指名され、スクリーンに映し出された風景を棒で指して、答えていく。

「気球!」「ねずみ!」「電柱（実際は灯台だけど）!」

むすこも教科書を目で追っているが、父が帰らないか気が気でない。教科書を見ては、こちらをちらちらと見て、授業に集中できていない。

一緒に教科書を見て補助してもいいのかもしれない。そうすれば、安心はするだろうけど、先生の授業に集中できなくなるかもしれない。自分がいることで、ほかの子もむすこに話しかけにくくなるだろうし、と自分がいることのマイナス面ばかりが気になってくる。※

※……安心すれば、子どもは親から離れることを、のちに不登校支援の専門家の本などで知った。また、この時点では親の付き添いは「恥ずかしいこと」と思い込んでいた。だが、学校現場は人手不足で、親が補助的に子に付き添うことはむしろ歓迎されていた。

そんな不安をよそに授業はどんどん進んでいく。

これはいかんなー、と思い、「12（9時）で出るよ、もう仕事だから」と厳しい口調でむすこに言う。だいぶいやがっていたが、9時5分ごろに、むすこが作業をしている隙をついて席から離れてみる。

追いかけてこないか、しばらく見守る。追いかけてはこないので、教室を退散。

ううむ、むずかしい。

学校に通いはじめの入り口なので、学校自体を嫌いになると、ややこしかろうと思う。時間の許すかぎり、本人が納得するまで一緒にいて、もっと安心させてやったほうがいいのか。そうすれば、「お父さん、お母さん、もういいよ」と自分から言い出すのかもしれない。あるいは、置き去りにしてでも、えいやと手放してしまったほうがいいのか。

幼稚園でもたまに行きしぶりはあった。そのときは先生が抱きかかえて離してくれて、クラス内に入ってさえしまえば楽しくやっていた。この「入り口」のつくり方がむずかしいし、わからない。

どうなんだろう。悩まし過ぎる。悶々とした思いを抱え、うつむきながら自宅に戻ってきてしまった。

4月13日［水］

ハイタッチで、バイバイ

朝7時50分。いつもの集合場所に出発の時間。

もう慣れたものだ。むすこではなく、親の自分が、だが。

昨日、むすこは妻とぼくに学校の話はなにもしなかった。集合時間ギリギリまで、メダカの水槽用の壊れた陶器であそんでいる。ランドセルに教科書をなかなか入れようとしない。昨日どろだらけになった靴の代わりにサンダルを履いたかと思ったら、別の靴に履き替えるなど、ゆるやかにしぶりを見せている。

昨夜も今朝も、集合場所に向かうまでは、学校の話はあえてしないことにしていた。余計なプレッシャーを与えないためだ。

家を出て、手をつなぎながら歩く。

「今日はいつバイバイする？　集合場所でできる？」と聞いてみる。

「いやだ」

「じゃあ、玄関の入り口でいい？」とつづけて聞くと、わりとあっけなく「うん」と答える。教室まで行かなくて大丈夫なのだろうかと、むしろこちらが思ってしまう。

納得すると、有言実行する性格なので、今日は本当に一人で行く決心を固めたのかもしれない。前日も、前々日も同じクラスの子や近所の子と公園でたくさんあそんだから、少しずつ気持ちが落ち着いてきたのかもしれない。

公園でほかのお母さんたちに話を聞いていると、むすこ以外の子たちも、入学前からおねしょをするようになっていたり、あるいは、午後6時にはすでに電池が切れたように疲れ果てていたりするそうだ。うちの子も、昨日は学校が終わったあと、公園でどろだらけになってあそんで疲れ果て、7時には就寝していた。子どもたちはそれぞれ緊張し、疲れを抱えている。

8時少し前に集合場所に全員集まると、子どもたちの列が進む。

「行ってきます」と、ぼくも小学生に混じって進んでいく。

「友だちできた?」と6年生のしっかりもの男子が1年生の子に一人ずつ声をかける。うちの子だけは、相変わらずむごん。

「昨日も友だちと公園であそんだよね」とぼくが代わりに答える。

「4年生になると、みんなやるクラブ活動があるんだよ」などと、その子は学校生活のことをいろいろと教えてくれている。

高学年の子が列を誘導して、親が一人最後尾につく。道路の右端を歩かせていく。

今日は、通学路がとても混んでいて、たくさんの子どもたちが狭い公道にあふれていた。谷を下ったところに、黄色い旗を持ったおじさんがいる。

「1年生、2年生、あいさつをしますよー」

先頭の女の子がそう言って、「おはようございます」とあいさつする。そうやって、子どもたちが自然と教え合っていくようだ。※

「おはようございます、いってらっしゃい――」

谷を登り切ったところにあるマンションの前に、町内会のおじいさんが今日もいる。半分くらいの子どもたちが、あいさつしながら通り過ぎていく。

むすことは特になにも話さず、手をつないだまま陸橋を渡り、すぐそばにある校門をくぐる。グラウンド脇では、ボランティアのおじいさんとおばあさんが花壇の手入れをして、咲いた花を子どもに分けている。ドッジボールをする高学年の子どもたちが、玄関からわっと出てくる。

そんな風景も見慣れたものになりつつある。玄関に入ると、むすこは靴を自分で履き替える。

と、かたわらに、1年生と思しき、髪の長い小さな女の子が不安げに立っていて、目を

※……こうした子ども同士のやりとりもＨＳＣにとってはプレッシャーになることがある、とのちに不登校に詳しい臨床心理士から教わった。

うるうるさせている。

「どうしたの？」

「傘をどこに置けばいいのかわからない……」

今日は、天気が曇っていて、雨も降りそうだ。

名前とクラスを聞いて、傘立てを探す。

「玄関の脇にクラスの傘立てがあったよ、自分の名前は読めるかな？」と言いながら、連れていくと、名前のひらがなは読めないようだが、出席番号は読めたようだ。

「25番は誕生日と同じなんだ！」

女の子はそう言うと、顔をパッと明るくした。安心したように傘をしまう。

小学校では、子どもたちは親の手から離れる。教室への道も自分で覚えなくちゃいけない。先生や大人が、いつもそばにいるわけでもない。不安や心配、ひっかかりの種は、小さなところにたくさんあるのだろう。それを、まだ小さな歩みで少しずつ乗り越えていく。


むすこのところに戻ると、上靴を履き終えていた。

「じゃあ、玄関でバイバイするよ」

幼稚園でやっていたように、「タッチ」と言って、ハイタッチしようとした。

むすこは、一瞬ためらい、手を握って引っ張ろうとした。

もう一度、「タッチ」と言ってうながすと、右手を上げて元気よくパチン。

「じゃあね、バイバイ！」

それでスイッチが入ったのか、そのまま手を振って離れていく。こわばっていた表情が、笑顔になっていた。

同じ登校班の1年生二人と一緒に並んで、教室へ向かって歩いていく。その姿を手を振りながら見送る。なんだか、あっけない。でも、楽しそうに歩いていく小さい子たちの後ろ姿を見ていると、ほっとして、少し目がうるむ。

玄関を出たところで、しばらく立ちつくした。それぞれのペースで、子どもたちは親の手の届かないところへ離れていく。うれしいけれど、少し寂しくもあった。

付き添い日記は、これでおしまい（だといいんだけど）。

4月14日［木］

昨日は玄関、今日は校門

朝7時40分。ピンポーンと、インターホンが鳴る。

「おれの勝ちだ！」

元気な声が、自分がいた2階まで聞こえてきた。近所の男の子が訪ねてきたのだ。

じつは、1年生の子どもがいる近所の親同士で示し合わせて、朝どちらが早く準備できるか、早いほうがピンポンを鳴らそうと競争させてみたのだ。

しばらくすれば、自分たちだけで登校することになる。登校のモチベーションを上げるためにも前もって、少し練習させておきたかった。

その効果か、むすこは夜8時には率先して寝て、朝5時半には起きていた。息子いわく、

「寝ないようにしていた」。まあ、寝てるけどな。

「早く用意しないと」と、7時15分にはご飯も食べ終わり、着替えも済まし、学校の準備も終え、名札もつけ、靴下も履いて、玄関で待っていた。

「ピンポン鳴らしてきていい？」と早くも言っていたが、さすがにまだ集合時間まで30分もあるから迷惑だろうと止めていた。だが、それが災いして勝負には負けてしまった。

「おれの勝ち」と言われたときのむすこの反応は見ていないが、妻によると、むごんでスルーしたそうだ。

昨日、一人で教室まで行けて、先生にもほめられたのだろう。お迎えのときに、事情を知るほかのお母さんたちにもほめられていて、自信をつけているようだった。

好きな遊具であそんだり、得意な折り紙をしたりと、全体に充実していたようで、一昨日とは打って変わって、帰宅後もストレスが感じられなかった。朝起きたときも元気そうだった。

「今日は、どこまで一緒に行く?」と登校の支度をしながら聞いてみた。

「(学校の)玄関まででいいよ」と、むすこは言う。

妻が、台所のむすこに聞こえないところで、「いいよじゃないだろ」とつっこむ。

「集合場所でバイバイは?」

「いや」

「玄関まででもいいけど、橋のところは?」

「どっちでもいいよ」

どっちでもいいなら、ということで、今日は校門の手前にある陸橋で別れる約束となった。

昨夜は雨が降り、今日も空がどんよりとしていたから、傘を持って集合場所に向かう。前日までむすこはランドセルに雨除けカバーをつけていたが、となりの子がつけていないのを見ると、恥ずかしくなったのか、はずしていた。

近所の子と集合場所に行ってみると、まだ誰もいない。「二人とも1番だね」と近所の子のお母さんが言う。まだ集合時間には10分ほど余裕があり、集まったお母さんたちと雑談する。

そのうち、むすこがハンカチを忘れていることに気づき、取りに帰る。戻ってきたときには、子どもたちが集まっていて、集団登校がスタートする。

むすこは機嫌がいいから、その場でバイバイできるかな、とも思ったが、そううまくはいかず、やはり手をつないで歩き出す。

みんな、傘を地面にこつこつさせながら、通学路を歩いていく。

「宿題やった？」と、むすこのとなりにいた子に聞いてみる。

「うん」

昨日の宿題は、「へんじ」と「うた」の練習。

「へんじ」は、「はい、元気です」という出席のときの返事の練習。ほかの子たちは、楽しそうに返事をする。

むすこは返事は拒否していたが、その代わり手を挙げるということを、いまのところの自分の存在証明にしつつあるようだった。

やることがなにかはわかっていて、やらないだけなので、追及はしない。親が思っている以上に強く緊張している可能性もあるが、本当の気持ちはむすこにしかわからない。

「うた」は、映画『となりのトトロ』のオープニング主題歌「さんぽ」。知っている歌なので、家では元気に歌う。だが、これも学校では歌わないだろう。そのあたり、変化するのか、しないのか、ゆっくり見守ろうと思っている。

登校の列は谷へ向かう狭い公道を歩き、雑木林の谷を抜ける。足元にはツルニチニチソウの青い花が凛と咲き、ツツジも赤い花を枝に咲かせている。

急な階段を上がると、少し離れたところに校門につながる陸橋がある。陸橋までたどり着くと、10人の子どもたちは列を崩し、散り散りになって学校に向かう。別の登校班の友だちを待っている子もいる。

橋の前でむすこと別れようとすると、「橋を渡ったところまでにして」と言うから、橋を渡ったところ、つまりは校門の前まで付き添う。

そこで、前日のようにハイタッチをすると、するすると歩いていった。

同じ登校班の面倒見のいい6年生男子が、少し驚いたような顔でこちらを見ていた。それほど一日の変化が大きいのだろう。

昨日は学校玄関、今日は校門でバイバイ。少しずつ離れている。

さて、ここから、あと何日でみんなと歩き出せるようになるのだろうか。明日は、細い公道の前で別れ、週明けにはみんなと歩いてみようと話をしているのだが。

4月15日［金］

振り返りもせず、学校へ

朝7時35分。

「今日は勝つんだ」

朝の準備を済ますと、近所の友だちの家のピンポンを鳴らしに玄関を出るむすこ。ちょうど、近所の子も出てきたところで、その子の家の玄関前でもみ合いになり、通せんぼをし合っている。

多少けんか気味になってきて、となりの子がむすこを振り切ると、今度はうちの玄関前でもみ合いになり、服を引っ張り合っている。

と、むすこがやぶれかぶれになり、自分の家のインターホンを押した。

近所の子は、あきれた顔で、「Aくん（むすこ）、それ、サッカーなら、オフサイドだよ」と言った。

惜しい。それを言うなら、「オウンゴール」だ。

というわけで、ちょっとした朝のバトルは2敗。けんかになるのも意味がないので、ほどほどでやめておくのがよいのかもしれない。

今日は朝から、子どもたちの機嫌が悪い。お母さんにくっついて甘えている。朝ご飯は、手が空いている自分が急きょつくることになった。だが、食材が見つからなくてイライラ。朝の慌ただしい時間のなか、機嫌の悪さが伝染し、気分がどんよりしていく。

むすこは少しずつ登校に慣れてきて、今日は通学路の途中にある陸橋の上でバイバイすることを約束。来週の月曜日は、谷に入る前のところで別れることも約束できた。

今日は、空もどんより。午後に雨が降る予定だ。子どもたちはみな傘を持って、集合場所に歩いていく。

面倒見のいい6年生男子が、「ここにかけると、楽だよ」と、ランドセルの首のところにある大きな持ち手に傘をかけるテクニックを1年生たちに教える。むすこのランドセルは、その持ち手がついていないので、肩ベルトにかけて運ぶ。

「ニホンアマガエルって、知ってる?」

家の前で捕まえたカエルの話をしたりして、登校の列は平和に進む。一昨日、カエルを見つけて、一日だけ飼育した。虫かごに葉っぱを入れておくと、保護色が茶色から、緑色に変わっておもしろかった。そんな話をした。

むすこはカエルにケロちゃんと名付けた。ずっと飼いたいようだったが、エサが確保できないからと、翌朝には近所の田んぼにリリースすることに。それが悲しかったようで、「絵を描くと忘れないから」と、一昨日の夕方はカエルの絵を描いていた（うまく描けないのがいやなようで、輪郭はいつも親に描かせる）。

今日も住宅街のなかにある通学路をしばらく進み、谷に向かう狭い公道へ。雑木林の谷を下る坂道は、道の左右に急な階段があり、まんなかが滑り台のようなスロープ状になっている。道が狭いので、むすこと手をつないで歩くときに自分はスロープを歩き、むすこには階段を歩かせていた。ふと気配がして、うしろを振り返ると、カルガモの親子のごとく子どもが3人うしろをついてきている。転ぶと危ないので、スロープから下り、狭い階段を歩き直す。

谷底まで坂を下ると、今度は急な階段を上る。今日は、ランドセルが重い。国語と算数、生活の教科書、それから学童のための弁当に水筒も入っている。そのうえマスクもしているので、子どもたちは坂を上るのが大変そうだった。

気分も空もどんよりしていたが、陸橋にたどり着くと、むすことは予定通り橋の上で別れることができた。そのあとは、振り返りもしないで、むすこは学校へと吸い込まれていった。

第2週

4月18日［月］

「テレビが怖いから、学童に行きたくない」

「学校に行きたくない」

昨夜から、むすこはそう強く主張するようになった。その理由を聞くと、「学童がいやだ。テレビが怖い……」と意外な理由を言う。

むすこが放課後に利用している学童は、小学校のグラウンド脇のこぢんまりとしたプレハブ小屋にある。

我が家は夫婦共働きのため、入学式前の4月1日から学童を使っていた。1年生は、入学後、午前授業が多い。むすこは学校が終わってから夕方まで、学童で過ごしていた。その時間が、むすこにとって苦痛で、学校生活を送るうえでの「ひっかかり」になっているようだった。

特に、テレビを見せられるのがいやなようで、当初から学童側に繰り返し伝えてきた。その学童では長期休みなどで弁当を持参する日は、食後に30分ほどアニメのＤＶＤを見せている。むすこは、その内容が「怖い」と言う。

流されるのは、子どもたちに「人気」のアニメばかりで、最初はどこが怖いのかわからなかった。むすこには、ときどき出てくる戦いのシーンや、不安をかき立てるシーンなどが怖いようなのだ。家でも、アニメは『おさるのジョージ』や『ムーミン』くらいしか見ようとしない。それらもウイルスやおばけなど、「怖い要素」が登場すると、途中で見るのをやめる。※1

そもそも学童で、教材でもないDVDを見せるのはどうなのだろうか、とも思う。むすこがとても怖がるので、その時間だけ別の場所で見守ってもらえないかと入学式の前から相談していた。だが、「子どもたちの食後のお腹休めと、スタッフの打ち合わせ時間が必要」と、別の場所で過ごす配慮は認めてもらえなかった。

むすこはその間、DVDを見ている子どもたちと同じ大部屋の片隅で、スタッフの人と過ごすことになった。ただ、その場所はカーテンで仕切られているだけで、映像は見えなくても、「音が聞こえて怖い」とむすこは言っていた。

学童のスタッフは幼稚園や学校とは違い、教育や保育の専門資格を持たない人が少なくない。「子どもの主体性や気持ちを尊重する」というより、決められた時間に、決められたことを子どもにやらせているようだ。

※1…HSCにとって、怖い映像への恐怖感は、大人の想像以上のようだ。このときは、HSCを知らなかったため、学童側に配慮を強く求めなかった。

学童を利用しはじめたときのむすこの感想が象徴的だった。

「折り紙は1枚しか使わせてもらえない」「グラウンドはあそんじゃだめなんだって」

むすこの通っていた幼稚園は、子どもの主体性や気持ちをなるべく尊重する方針だった。むすこにとって学童、ひいては学校という場は、制約が多く、窮屈に感じられるのかもしれない。スタッフの人はそれぞれ職責を果たしているし、よい人が多い。ただ、むすこの気持ちは十分くみとれていないようだった。ちょっとしたひっかかりが、「学校に行きたくない」という気持ちにまで及びはじめていた。

＊

「朝の競争をやりたくない」「学校に行きたくない」

そう言いながらも、むすこは着替えや食事を済ませて、しぶしぶ家を出る。ただ、今日は集団登校の列に加わっても、「行きたくない」が止まらない。集団登校という自分のペースで動けない登校方法も、むすこには合わないのかもしれない。※2

入学から1週間が経った。近所の1年生のなかには、親が集合場所までついてこなくなった子もちらほら。むすこは早生まれで、1歳近く年が離れているとはいえ、その子たちの姿がまぶしく見える。

むすこが集合場所で妻の手をずっと離さず出発できずにいるので、手を引き離す。でも、むすこはその場から動こうとしない。

仕方なく、ぼくはむすこの体を抱きかかえる。体重は20キロ近く。ずっしりとくる。むすこをかつぎながら、約1キロの坂の多い道のりを歩く。コロナ対策のマスクをしているので、はあはあ息があがる。むすこはじたばたはせず、抱かれたまま運ばれていく。なんとか学校の目の前にある陸橋まではたどり着き、そこからは手をつないで歩く。

学校の玄関で同じ登校班の友だちが待っていてくれた。でも、むすこは「行かない」と言い、下駄箱のところで動こうとしない。仕方なく、教室までおんぶで向かう。

廊下で、保健室に向かう担任の先生とすれ違う。

「振り出しに戻ってしまいました……」とぼくは、うなだれる。

教室に到着。ランドセルからむすこの代わりに荷物を出す。むすこをなかば引きずりながら手を洗いに行くと、同じ幼稚園出身の仲のよい女の子たちがいた。

「がんばって」

「かわいいね（親から離れられないからか……）」

そう言いながら、むすこの手を引こうとしてくれるが、むすこは動こうとしない。

※2…集団登校をいやがる場合は無理させず、事情を説明して自分のペースで登校できるように配慮してもらったほうがよい。

教室に戻ると、先生に「今日は抱っこだったんですね」と声をかけられる。

「疲れたのでしょうか。学童に行きたくないと言っていて。週末は、剣道や、ボーイスカウトの体験会に参加して楽しそうにしてたんですが」

「参加したんだ。それはよかったね！」

先生がむすこに声をかけるが、むすこはうつむいている。


1時間目は音楽で、音楽室へ移動。ぼくはむすこの席の横にしゃがんで付き添う。

先生がCDをかけて、子どもたちになんの歌かを問いかける。

「♪ことりはとってもうたがすき……」

「♪ちょうちょう、ちょうちょう……」

「♪しろやぎさんから……」

おなじみの童謡だ。

次は、タラララーと、前奏が長めに流れてくる。

「この歌は、なんでしょう？」と先生が聞く。

「はい！」「はい！」

クラスの半分ほどが手を挙げる。

「なんですか？」と、先生がつづけて聞く。

が、しーんとして、誰も答えない。手を挙げているだけで、じつは誰もわかっていないのだ。1年生のかわいらしさに、つい微笑んでしまう。

もう少し前奏が流れ、「♪さいた、さいた、チューリップのはなが」と歌まで流れて、「チューリップ!」という声がようやくあがる。

9時、9時10分……いたずらに時間が流れていく。

ぼくはじりじり焦りはじめる。

「時計の長い針が6(9時半)になったら教室を出るね」と約束させようとする。だが、ぼくが席を離れようとすると、むすこがくっついてくる。離れさせまいと、足をすり寄せてくる。そうこうしているうちに、1時間目の途中で音楽室から教室に戻り、算数の時間になる。

休み時間に、担任の先生と少し話す。

「どれくらい付き添いをしたほうがいいものでしょうか?」

「本人が納得して、離れられるようになるまで、ですかねえ。昨年も1年くらい付き添いのあった子もいます。親が離れると、切り替わる子もいますし。Aくんの場合は、一人になっても明るくならないところが気になるところです……。[※3]『何時にお父さんと別れる』

※3…当時はむすこに問題があると思い込んでいたのだが、むすこが明るくならなかったのは、教室環境への基礎的な安心感がなかったからだとのちにわかる。学校生活に心配がある場合は、担任や教頭などと早めに、気軽に相談するのがよい。

とか、約束できるといいのですが」

「先週までは、今日は途中まで一緒に来て、明日からは一人で登校する約束だったんですがね……」

はあ。振り出しに戻っているなあと、ため息が出る。

むすこの机に戻ると、2時間目の国語の授業がはじまる。むすこは、手を握ろうとしてくる。「がんばりなさい」と手を振り払う。「仕事があるから行かなくちゃいけないんだ」と厳しく言い聞かせる。でも、むすこはぼくから離れようとしない。うっすら涙目になっていた。

ぼくは、むすこが先生の説明を聞いている隙を見て、教室から抜け出してみようと考えた。教室では、「つ」の字の書き方の練習をしていた。ぼくはむすこが授業に集中しはじめたのを見て、ささっと教室の外へ出た。

むすこはすぐに気づき、追いかけてくる。教室のある地下から、玄関のある地上階へと急いで階段を駆け上がる。

玄関は、廊下の少し先にある。追いつかれてしまいそうだ。目の前に大きなテレビがある。そのうしろにさっと身を隠す。むすこは通り過ぎ、玄関まで走っていく。父の姿が見つけられなかったむすこは、しばらくして泣きながら玄関から戻ってくる。そのとき、父はうかつにも体を隠し切れず、テレビの裏にいるのがバレてしまう。

「あ、お父さんいた」

ほっとした表情になるむすこ。そして、捕まる。

ぼくはがっかりしながら、むすこと一緒に教室の席に戻る。むすこは授業に集中できず、父が教室から離れないかばかりを気にしている。

みんなが「つ」の字を書く練習を終えたくらいのタイミングで、むすこも「つ」を書きはじめた。

今日は、もうだめかもしれない。安心がない状態では勉強もなにもないだろう。

「仕事があるから帰らないと」「時計の長い針が12（10時）で帰ると約束したよね」などと繰り返し言い聞かせようとするが、むすこはまったく聞く耳を持とうとしない。ぼくが席を離れるたびにむすこも席を立ち、授業にも集中できていない。

今日はむすこと一緒に教室にいよう、とぼくはあきらめた。午前中いっぱいで授業は終わる予定だった。それまで、付き添おう。

そう心に決めて、「今日は授業が終わるまで一緒にいるよ。学童もお休みしよう。でも、明日からは行くんだよ」と伝えた。

むすこは「今日も学童は一人で行くんだよ」と聞き間違えたようで、「学童は行きたくない」と言った。目が赤くなり、うるんでくる。涙がぽろぽろ出てくる。

聞き間違いとはいえ、学童がそんなにいやなのか……。見ていて、こちらの心が苦しくなってくる。

「行かなくていいよ。今日は一緒に帰ろう。明日は、朝、（比較的家に近い）細い道のところから一人で学校に行ける?」と聞くと、「(校門前の)橋の階段の下のところまで来て」と言う。

「じゃあ、明日は階段の下、明日の明日は細い道のところね」と言うと、「うん」とうなずく。

「よし、じゃあ、今日は授業が終わったら帰ろう」と言うと、気持ちが落ち着いたのか、むすこはそわそわしなくなった。

「教室のうしろで座っててていい?」と聞くと、それまでとは違い、帰らないと安心したのかうなずく。


2時間目が終わり、休み時間がはじまる。子どもたちはじゃれ合いながらあそびはじめる。むすこは椅子に座っている。道具箱を開けて、一人で絵を描いている子もいる。しばらくして、ようやくとなりの席の近所の子と、触れ合おうとする。だが、あまりやりとりは発展しない。それからさらに数分して、近くの席の子たちとあそびはじめたところで、3時間目の「せいかつ」がはじまる。むすこは教室のうしろにいるぼくをちらちら見て、逃げないか気にしている。


せいかつの授業は、学校探検ツアー。列になって、音楽室、保健室、図書室など、いろいろな場所をめぐるという。

「それでは、静かに廊下に2列に並んでください」という先生の掛け声で、出席番号順に子どもたちがわらわらと並んでいく。

と、「○○さん、おしゃべりしてたね。やりなおし！　席に戻りなさい」と先生が、厳しい口調で髪の長い女の子を叱る。

その子は、不服さをこらえた憤然とした表情で席に戻り、並び直していた。

「いまどきでもこんな叱り方をするのか……」とあっけにとられて見つめていたが、小学校はこんなもの？

むすこは、2列目の先頭。ぼくも、子どもの列のうしろについていく。子どもたちは、配られたプリントに描かれた、訪れる場所の横にある丸を赤鉛筆で塗りつぶしていく。

ツアーが終わると、「赤色の鉛筆の芯が全部なくなった」と、不安そうにむすこが見せてきた。

「家で削れば大丈夫だよ」とぼくは声をかける。学校では細かいことをいちいちは先生に聞けない。聞けばいいのだが、シャイなむすこにはハードルが高いようだ。むすこには、そういう不安もあるのかもしれない。

教室に戻ると、「これで3時間目のせいかつの時間を終わります」と先生が言い、「終わります！」とクラスの子どもたちが大きな声で復唱する。

「では、帰る用意をするので、連絡帳を出してください――」

先生の呼びかけで、帰りの準備がはじまり一日が終わっていく。

夫婦会議① 子どものペースで進もう

この夜、夫婦でむすこの学校生活について話し合った。「このまま公立校に通えるのだろうか、私立校やオルタナティブスクール（公教育以外の学びの場）などへの転校も視野に入れたほうがいいのだろうか」と検討したり、「入学前に学校選びをしっかりやればよかったのかもしれない」と反省したり、ひとしきり話すが、なにが望ましい方向性なのかは正直わからない。

話し合いになったきっかけは、むすこが、いま通う学校は規律が多くて、「だめなことが多い」と不満を漏らすようになってきていたからだ。

教室では〝正しい〟姿勢でいること、ものは〝正しい〟場所に置くこと、元気よく返事をすること、おしゃべりをしないことなどが細かく一律に求められていた。コロナ禍で、マスク着用、黙食、手洗いなども徹底され、それができていない子は厳しく注意されることもある。

普通の公立学校では時間割も決められているので、幼稚園のように好きなあそびに自由に没頭できるわけでもない。工作好きのむすこは小学校でも思う存分工作ができると楽しみにしていたようだが、工作の時間は週に1度だけ。幼稚園とのギャップに戸惑っているようだ。

「小学校って、こんな場所だったっけ?」と妻が言う。

コロナ禍もあいまって、入学直後なのに、わくわく胸を弾ませるような新生活の楽しみよりも、息苦しさのほうが目についてしまう。子どもがもっとのびのび過ごせる環境を探してあげたほうがいいのかもしれないと思うようになってきているようだ。

「でも、まだはじまったばかりで、見切りをつけるのは早過ぎるんじゃないかなあ」とぼく。

「音楽室に木琴があったよ」「理科室にメダカがいたよ」

今日の学校探検ツアーのなかでも、むすこは楽しいことをそれなりに見つけてはいた。残念ながら幼稚園のときに仲のよかった友だちや近所の子どもたちとは同じクラスにはなれず、友だちはまだできていない。それでも、教室に馴染むのは、時間の問題だろうと楽観してもいた。

登校がすんなりとはいかないことを想定し、4月は仕事を減らしていた。まずは、親の仕事に余裕のあるうちに、子どものペースで進ませよう、心を傷つけないようにしよう、と話し合った。

4月19日［火］

制限だらけの学校生活

今日は、前日の付き添いの反省で、「学校に行きたくない」というむすこの心を受け止めよう、と心に決めた。はずなのに、いざ朝になると、なかなかむすこが登校準備をしなくてイライラ。食事をうながし、着替えを手伝い、家を出るようせきたてつつ、集団登校の列に向かう。今日は、後ろ髪を引かれないよう妻はむすこの見送りはせず、家で待つことにする。

家を出たのは、7時50分。自宅のドアを開けると、近所の1年生の姿が見える。保護者の付き添いなしで集合場所まで行くようになったほかの子の影響を受けたのか、その子が玄関前で「お母さんは来なくていい」と母親に宣言している。

が、少し歩いて「やっぱり来て」と頼み、さらに歩いて「やっぱり一人で行く」と宣言し直し、と二転三転している。

母親は、一人で離れていく我が子を不安げに見つめていた。

集合場所でその子と合流すると、「Aくん、今日、一緒に帰ろうー！」と、むすこが誘われる。だが、「今日は帰れないんだ。学童があるから……」と悲しそうな顔で返事をする。

近所には学童に行かない子が多い。こういう差も、寂しさにつながるのだろう。

「どこまで一緒に行く?」と聞くと、「橋の下まで」、つまり校門のところまで、と言うので、そのとおりにする。

細い道を通り、雑木林の谷を抜け、陸橋に着く。陸橋を下りたところで、「ここでいい?」と聞くと、「いやだ」と手を引かれる。

「どこまで行く?」と聞くと、「(校舎の)玄関まで」と言う。

校門をくぐると、グラウンドの脇に小さな池がある。ランドセルをひっくり返して道端に置いた子どもたちが、池の飛び石に乗ってぴょんぴょんあそんでいる。グラウンドにはサッカーをして走り回る子どもたちもいる。

グラウンドのなかばまで歩いてきたところで、むすこは手を離す。

玄関の手前で、面倒見のいい6年生男子が、手になにかを隠し、近くにいた1年生の二人に「どっちだ?」と言った。むすこはその輪に入らず遠巻きに見ている。いつもの行動パターンだ。

二人は、左手を指す。

「Aくんは?」と、6年生はむすこに話を向けてくれた。

むすこは一瞬、ぷいと顔を横に向けたが、次の瞬間、その6年生に駆け寄り、右手を指差した。

6年生は右手を開く。

「Aくんのあたりー!」

そう言われて、むすこの笑顔がはじける。うれしそうに玄関のなかにみんなと駆けていった。学校の楽しさなんて、こういう些細なことの積み重ねなのかもしれない。

むすこは玄関で上靴を履くと、うなだれ気味にバイバイのハイタッチをし、あとはすんなりと校舎に入っていった。有言実行で、ほっと一息。

玄関を出て帰ろうとすると、ツーブロックの髪型をしたおしゃれな男の子が、茶髪の若いお母さんの手にしがみつきながら登校している。

むすこと同じクラスで、初日に泣いていた背の高いあの子だ。きっと集団登校できず、お母さんが付き添いしているのだろう。なかばお母さんの腕にぶら下がるようにして歩いている。お母さんはしょうがないなあという表情で、背筋を伸ばして淡々と歩いていく。

うちだけではないのだなあ、とつくづく思う。子どもたちはみなそれぞれのペースで不安に向き合い、楽しみを見つけ、がんばろうと、朝の道を歩いている。

親も親で、忙しいんだけどなあとか、この子これから大丈夫だろうかと心配しながら、頼りない足取りで進む我が子を見守り送り出している。

平凡な風景の裏に一人ひとりのドラマがあることを思うと、なんだかちょっと泣けてくるのは、少しばかり心が折れているからだろうか。

4月20日［水］

離れないむすこを引き離す

今朝は、家を出発するときから、「教室までついてきてほしい」とむすこは言う。[※1] むすこの気持ちをくみ、ぼくは、今日もむすこの登校に付き添う。

昆虫の話とか、ほのぼのとした会話を子どもたちはしながら、通学路を進む。

むすこのとなりにいた近所の子が「昨日、Aくん、帰りなんで泣いてたの？」と唐突に遠慮なく聞く。

むすこは昨日、学校が終わるころ、学童に行きたくなくて、教室で大泣きしていたのだ。学童のスタッフから昼過ぎに電話があり、学童に行かずに家に帰るかどうか相談があった。ぼくは仕事の打ち合わせがあることを伝え、なんとか預かってもらうことにした。そして、妻が少し早めに仕事を切り上げ迎えに行ったのだった。

むすこはその子の質問にはむごんで答えず、自分も内心「余計なことを聞くんじゃない」

※1…振り返れば、このあたりでむすこは教室に対する不安のSOSサインを出している。

と思いながら、「なんでだろうね」と適当に話を流す。前日の話を蒸し返すことで、行きたくない気持ちが高まってしまわないか、とヒヤヒヤしていた。

細い道を抜け、雑木林の谷を下り、坂道を登る。この勾配のきつい坂を登るのはなかなか大変で息があがる。子どもたちが重たいランドセルをゆらす音がきゅっきゅっと鳴る。

校舎に到着し、むすこは玄関で靴を履き替える。「教室で別れるのがいい」と言うので、近所の子たちと一緒に教室へ向かう。

教室に着く。「じゃあ、ここでバイバイね」と言うが、むすこはつないでいたぼくの手を離さない。

むすこの席の近くに、担任の先生がいた。

「今日、お父さんは何時に帰っていいと約束する？」と先生はうながす。

「Sくんのお母さんも時計の長い針が6（8時半）で帰るよ」

昨日、お母さんと一緒に登校していたツーブロックの子も、お母さんが教室に付き添っていた。昨日もそうだったのかもしれない。お母さんはうしろの席に座っている。なんとなく、うちの子が影響してしまっている気がして、申し訳なく思えてくる。

先生に「準備が終わったらにする？　6にする？」と聞かれるが、むすこはむごん。

しばらくして、「準備が終わったらさよならする」と言う。そう約束したことを伝えると、先生は「わかったよ」とむすこに言う。

近くの席の子が、唐突に下敷きで静電気を起こし、髪をさかだて、笑いをとろうとする。少しだけ場がなごむ。昨日、学童で一緒にあそんだ子だという。

ところが、朝の準備が終わり、時計の長い針が6を過ぎても、むすこはぼくの手を離さず、約束の時間がどんどん延びていく。まずいなあ、と思いはじめる。10時半に仕事の打ち合わせも控えている。ずっと付き添っているわけにもいかない。

1時間目が体育だったので、グラウンドに移動することになる。そこでグラウンドで別れる約束をする。

ところが、今日はむすこの様子がいつもと少し違う。グラウンドに着いても、約束を守らず離れない。

抱きついてくる手を何度も振り払い、別れようとするが、ついてきてしまう……。ツーブロックの男の子も同じような状態になって泣いていた。

子どもたちは、先生の指示でグラウンドの脇にある登り棒に向かって走り、ネットを登り、滑り台を滑る。

むすこは、校舎玄関近くにいるぼくのもとからまったく離れずにいる。

次は「グラウンドの端にあるタイヤを触って戻ってこよう」という指示があったが、むすこは動き出そうとしない。

ぼくが走ってみる。追いかけてはくるが、まったく楽しそうではないし、走ろうともしない。

困ったなあ。

「もう帰らないと。仕事がある。人を待たせることになるんだ」と言い聞かせても聞く耳は持たない。

むすこは「帰りたい」と言いつづける。

時間だけがいたずらに過ぎていく。

「（学校のあとに行く）学童がいやだ」と繰り返し言うので、「じゃあ、学童はキャンセルにするから、がんばろう」と譲歩してみるが、手を離そうとしない。

えんえんと、離そうとして、離れないの攻防がつづく。授業は、鉄棒へと進む。幼稚園で先取りして鉄棒を習ったと思わしき子どもたちが、自信たっぷりに、前回りをしたり、ぶら下がったりして得意げにあそんでいる。

むすこは、鉄棒に近づこうとする気配もない。鉄棒のところまで連れていくが、触れもしない。※2

途中、何度も友だちが「一緒に行こう」「学童でもあそぼうね」などと誘ってくれるが、むすこはとり合わない。

仕事の打ち合わせまで、まだ時間は少しある。しかし、この攻防がこれからも毎日ずっとつづいたらどうしようと、暗い気持ちになっていく。

ぼくは仕事の時間の都合がつけやすいこともあり、むすこの引き延ばし作戦にはまってしまっているような気もしてくる。叱ろうが、振り払おうが、ついてきてしまい、学校を抜け出せない。

いつのまにか、泣いていたツーブロックの男の子もお母さんなしで合流している。

うちの子だけだ……。

気持ちに余裕がなくなっていく。むすこを置いたまま走って逃げようともしてみたが、校門近くまでついてきて、「帰りたい」と言って泣く。

もうこれはだめなのか……。

ぼくはあきらめて、「じゃあ、もう、今日は帰ろう。慌てて家を出てスマホを忘れたから、スマホを取りに戻る。それで用事だけ済ませて、また二人で学校に来よう」と妥協に妥協を重ねる。

「学童は?」と聞くので、「もう今日はいい」とぼくは言う。

一斉授業という性質上、担任の先生も個別の子どもに向き合い切れない。授業は進んでいく一方、膠着《こうちゃく》した状態でぼくとむすこは孤立していき、どうしたらいいやら悶着をつづける。

そのうち授業が終わり、みんな靴を履き替えて教室に戻っていく。じっとしていられない子が一人見当たらなくなって、「どこに行ったの?」と先生たちが探す一幕もあった。

むすこは玄関前から動こうとせず、しだいにあたりには誰もいなくなった。全員教室に

※2…新しいことをはじめる前に観察する時間が必要であるというむすこの特性を知らなかった。

戻ったようだ。「先生を探しに行くぞ」とむすこに靴を履かせようとしていたら、先生が、教室のほうから玄関入り口のところに戻ってきた。

「一度家に連れ帰って用事だけ済ませて、また戻ってこようと思うんですが……」と伝えると、先生は言った。

「うーん、お父さん、昨日も学童に行くときは泣いてましたが、離れてしまえば、切り替えられたようです。わたしも途中で離れたんですが、学童にも行けましたし、ここでさよならしましょう」

そして、むすこをうしろから抱きかかえて引き離した。

途端にむすこは大声で

「い や だ ―――」

と泣き叫ぶ。

が、もうこれはこのタイミングしかないであろうと、足早にその場を離れる。[※3]

通学路の門から出ようとすると鍵がかかっていて、あたふたしながら、少し離れたところにある通用口から外に出る。

ほっとする。というよりは、ひたすら不安になる。

ぼくは明日、明後日と、出張でいないのだが、その間妻は一人でむすこたちの対応をしないといけない。

幼稚園のときは朝、こういう悶着があると、先生がむすこを抱きかかえて教室に連れていってくれた。小学校でも、そうしてもらえるなら、しばらくそう対応してみるのがよいのかもしれない。

少なくとも、教室に自分がいることは、いい影響を与えているようには思えない。日に日にその気持ちは募っていく。

どこかでえいやと、行くものは行くのだよ、と心を切り替えさせるタイミングをつくる必要があるのかもしれない。

このまま息子と一緒に学校へ通いつづけるのも無理がある。融通を利かせ過ぎても、それが当たり前になってしまい、うまくいかないのかもしれない。

塩梅《あんばい》がわからないし、むずかしい。むすこの心を受け止めようと心に決めたはずが、翌日にはもうそのとおりにはできていない。

明日が、怖い……。

前日の疲れも登校意欲に影響していそうだ。なにはともあれ今日は早く寝かしつけよう。

※3…不登校支援の専門家は安心すれば子どもは自然と親元から離れると口をそろえて言う。無理な引き離しは、抑うつや癇癪など二次障害につながりうるので、避けたほうがよい。

夫婦会議② HSCってなに？

むすこが寝たあと、2時間ほど夫婦で話し合った。テーマは「HSC」について。数日前、妻が「むすこはこれなのかもしれない」と、ネットの記事をいくつか見せてくれた。仕事やむすこの対応に追われて読めずにいたが、この晩、記事をきちんと読んで、むすこの特性との一致に驚いた。

HSCとは、Highly Sensitive Childの略で、精神科医の明橋大二《あけはしだいじ》さんによると、「過敏」というよりは、「ひといちばい敏感な子ども」と訳すのが適切だという。病気や障害ではなくて、あくまで性格の特質であり、人より強く不安を感じたり、周辺環境に敏感に反応したりすることがあるそうだ。

HSCには、4つの性質があるとされる。

①深く考える
②過剰に刺激を受けやすい
③共感力が高く、感情の反応が強い
④些細な刺激を察知する

エレイン・N・アーロン『ひといちばい敏感な子』（明橋大二訳、青春出版社、2021年）参照

外交性などと同じように誰もが「繊細さ」はグラデーション状に持つものだが、その傾向が特に強い子どもたちのようだ。子どもは一人ひとり違う。特定のラベルをつけ、決めつけてしまうことには弊害もあるかもしれない。だが、教室内で配慮が必要な特性なのであれば、早めにサポートできたほうがいい。

HSCの概念を提唱したエレイン・N・アーロン博士は簡易チェック項目をつくっている。

- すぐにびっくりする
- 服の布地がチクチクしたり、靴下の縫い目や服のラベルが肌に当たったりするのを嫌がる
- 驚かされるのが苦手である
- しつけは、強い罰よりも、優しい注意のほうが効果がある
- 親の心を読む

など

前掲書より引用

チェック項目は全部で23あり、13以上当てはまるか、あるいは、項目は少なく

ても強く傾向が出ていればHSCの可能性が高いという。むすこが当てはまるのは13ほど。「HSCかもしれないね」と夫婦で話す。

この概念と出合うことで、むすこの個性への理解がぐっと深まった気がした。[※1]

心当たりがいくつもあったのだ。

まず、整っていることが好き。2、3歳のころに、保育園に置いておくオムツの並べ方がそろっていないのがいやで、自分で直していた。

きれい好きで、古い公衆トイレに入るのが嫌い。誰かが口をつけた食べ物や飲み物には手をつけない。オムライスやチャーハンなど〝混ざったもの〟が苦手。0か100かで考えがちで、完璧主義なところもある。ゲームをしていて一度負けると、ゲーム自体をやめてしまうことも。

あいさつをしない話は触れたが、幼稚園の劇でもセリフはしゃべらず、友だちと一緒にセリフを言うことにしてもらっていた。誕生会でインタビューを受けたとき、緊張のあまり腰を抜かしたかのように動けなくなってしまったこともある。

肌着のタグが肌に当たるのをいやがるので全部切り取っていたし、他人の感情の理解が子どもにしては正確で気が利いた。これらは持って生まれた特性で、しつけの問題ではないことは明らかだった。よく勘違いされるが、親が叱れば変わることではなく、甘やかしたからこうなるわけでもない。どちらかというと、言えば言うほどやらないし、無理やりなにかをやらせようとすると癇癪《かんしゃく》が止まらなくなるだけだった（もちろん成長による変化もある）。

ただ、そういう子としてこの世に生まれてきただけなのだろうが、ＨＳＣは集団生活には合いにくい部分が少なからずあり、子どもによっては生きづらさにつながってしまうこともあるようだ。

「自分はどうだった？」と妻に聞いてみると、妻はむすこと同じように「学校の集団教育に対しては違和感を持っていた」。だが、「学校に行かないなんて考えたこともなかった」と言うように、どちらかというと優等生で、学校に疑問を感じながらも適応してきている。ぼくにいたっては、教室では常に手を挙げて発言の機会を狙う積極的なタイプ。子どものときにチェック項目に当てはまる要素はないと感じた。

アーロン博士の著書によると、ＨＳＣは人種を問わず人口の15～20％に当てはまるという。明橋さんは、臨床経験から日本の「不登校の8、9割はＨＳＣではないか」と指摘している。

「いくつか本が出ているようなので、もう少し調べたり、早めにスクールカウン

※1…ＨＳＣの科学的な知識や尺度は、飯村周平『ＨＳＰブームの功罪を問う』（岩波ブックレット、２０２３年）『ＨＳＰの心理学』（金子書房、２０２２年）が詳しい。

セラーなどに相談しよう」と夫婦で話した。※2

ＨＳＣについて調べてみると、無理やり引き離したところで根本的な不安に対処しなければ意味がないようだ。

「まずは、『学童はいやだ』と言ううちは行かせないことにしよう。休みたいという日は思い切って休ませよう」

ぼくたちは、そう決めた。いまの学童は、むすこには合わないのかもしれない。だが、近所で別の選択肢がうまく見つかっておらず、さあ、どうしたものかと考えている。

※2…スクールカウンセラーについては、担任には4月時点で相談したが、校内に常駐しておらず、ようやく面談できることになったのが5月末。スクールカウンセラーが支援策を進めてくれるわけではないので、行きしぶりなど子どもの異変を感じる場合は、教頭や特別支援教育コーディネーターの先生に早めにつないでもらって対応策を相談したほうがよい。

4月21日［木］

学童の憂うつ

昨日は放課後に学校まで迎えに行くと、むすこに怒られ、ヒヤヒヤする一幕があった。

「仕事が終わったらすぐ迎えに来ると言ったのに、来なかった。お父さんはうそをついた」

むすこと別れる前にたしかに「仕事が終わったらすぐ迎えに来る」と言ったのだが、一度離れてしまえば大丈夫だろうとたかをくくり、学校が終わる時間めいっぱいまで仕事をしてから迎えに行ってしまったのだ。

むすこは、ぼくが迎えに来るのをずっと待っていたようで、授業が終わった直後に、担任からむすこが「待っている」と電話が来て、慌てて家を飛び出した。

言行の不一致は信頼関係を崩しかねず、むすこも約束は破っていいものと考えることにつながりかねない。むすこには率直に謝った。

この日は、むすこが疲れを翌日に持ち越さないよう、寝る時間を夜8時過ぎに早めた。それが功を奏してむすこはコロンと寝た。

一夜明けて、朝。家族全員6時には目を覚ます。今日は、ぼくが出張の日。そのため、長男の登校の付き添いは妻に任せ、次男を保育園に送ることになった。

長男は機嫌はよさそうだが、「学校には行きたくない」と言っている。着替えをせず、朝ご飯まで2階の寝室のテレビで大好きな『おさるのジョージ』を見る。

テレビを見ているむすこに「今日は学童には行かなくていい」と妻が話をする。その代わり、今日の放課後は、近所の友だちの家であそべるか聞いてみよう、と誘う。むすこは朝食を食べ、妻に着替えさせてもらう。

ご飯のあと、その近所の子が迎えに来て、インターホンを押した。むすこは、ふだんあそばないおもちゃを段ボール箱に入れてあそび、行きしぶっていた。

近所の子が玄関を開ける。その子のお母さんもちょうど玄関に来ていたので、その場で妻が、「今日は、放課後にむすこがあそびに行ってもいい?」と聞き、OKをとりつける。それを見て、本当に学童に行かなくて済むとわかったむすこの顔は、絵に描いたようにパッと明るくなった。

そして、「今日は、(学校の近くの)橋の下でバイバイする」と言って、妻とすたすた出かけていった。ほっとひと安心。

4月22日［金］

一進一退の「退」の日

一進一退でいうと、昨日が「進」の日なら、今日は「退」の日だ。雨上がりの、じとじとしたあまり気持ちのよくない朝。昨日は1泊するのが不安で、日帰りに予定を変えて夜遅くに帰宅した。

妻によると、むすこは、昨日の帰宅後、友だちの家にあそびに行ったところまでは元気だったという。その後、妻と次男の3人で夕飯を食べているときにイライラしはじめ、寝る時間も夜9時過ぎと遅くなってしまったそうだ。

寝るのが遅くなり、疲れがとれないと、むすこは機嫌が悪くなる。

案の定、翌朝は寝起きが悪かった。ストレスを解消するためか、むすこは起きるやいなや、2階の寝室にあるテレビをつけて見ていた。30分ほど経ち、朝ご飯の時間になっても下りてこないので、ぼくが番組の途中でスイッチを強制的に消す。

「お父さんの皿、割ってやる！」

むすこは悪態をつきながら、しぶしぶ1階に下り、食卓の椅子を倒していく。

むすこの様子を見ていて、妻とは「今日は金曜日だし、しょうがないね」と、学校に行きたくない要因になっている学童は早々にキャンセルすることに決めた。学童については、毎日むすこに行くか行かないか確認しつつ、ほかの選択肢も探してみることに決めていた。

むすこは妻のひざに座りながら朝ご飯を食べ、食べ終わると、今度は次男とけんかをはじめた。次男は、妻が以前つくった手づくりスナフキン帽子をかぶり、リュックを背負って、ごっこあそびをしていた。長男は、ふだんはその帽子に見向きもしないのに、イライラしているせいか、「それはぼくがお母さんにつくってもらったんだ！」と主張。兄弟で取り合いになった。

取っ組み合う二人を引き離す。帽子は長男が手にしていた。次男が妻に「自分のをつくってよ」と不満そうに言う。妻が「わかったよ」と話して落ち着かせていく。週末なので、むすこの疲れもピークなのだろう。

むすこは金曜日の放課後に学校の体育館で開かれている剣道クラブに興味を示していて、それには「なんとしても行きたい」と言う。学校の楽しみは、「給食だけで、それ以外はいやだ」。給食だけは「ほっぺたが落ちそうなくらいおいしい」のだそうだ。

「学校に行かないと、剣道には行けないんだよー」とか、「学童はやめにしたから、学校は行こうねー」と話しつつ、登校班の待ち合わせ場所に向かう。だが、むすこは「行きたくない」と繰り返す。今日は、図工の授業がある。もしかしたら工作好きのむすこが気に入るかもしれない、という期待も親にはある。

待ち合わせ場所に向かう途中で「ミミズを見つけた」と言って、うちの花壇に入れに戻ったり、待ち合わせ場所に行ったかと思うと、「マスクがいやだ」と言って一人はずしたりして、「学校に行きたくない」主張をつづける。

ほかの子どもはそろっていて、登校班のスタートが、むすこ待ちとなる。むすこはまだ家の近くにいる。今日はぼくが付き添う予定だったのだが、そんな様子を見かねた妻が「今日は私が一緒に行くわ」と言う。

集合場所に向かって、むすこは妻と一緒になんとか歩きはじめる。

妻に置いていかれたと思って、今度は家の前でぼくのそばにいた次男が大泣きする。

妻は「すぐ戻ってくるつもり」と言っていたが、長男の付き添いで戻ってこられない可能性が高いだろう。案の定、妻から「次男を保育園に連れていって。9時に仕事があるので、それまでには必ず学校から戻ってくる」という連絡が来た。

大泣きがやまないままの次男を連れて、保育園へ向かい、自宅へ戻る。

しばらくして、妻が帰ってくる。

「今日は、学校の教室のところで先生に手伝ってもらって（むすこを）引き離してもらった」と言うのだが、表情がとても暗い。妻は自宅で机に向かい、なにやらメモをとっている。日記を書いているようだった。

「書いていないとやってられないねー」と言う。

そう、誰かに読んでほしいというよりは、まずはこうして書き記すことで、自分の気持ちを落ち着かせようとしているのだ。

夫婦会議③　ぼくは教室にいてもいなくても同じなの？

子どもを寝かしつけたあと、妻と深夜まで寝室で話し込んだ。

「それにしても、学校のなにがそんなにいやなのかな？」

「私、小学校の朝の様子を30年ぶりぐらいに見たけど……軍隊みたいだなあ……と思った。自分一人いなくても、できていなくても、いる人だけでどんどん物事が進む、不思議な空間だよね」

たしかに、学校とは特殊な空間だ。なにかにつけて集団のペースでことが進み、置いてけぼりになる子が一定数生まれていく。

妻は、ため息をつきながら語る。

「先月までいた幼稚園とは、全然違うよね。朝はお休みで〝いない子〟に毎日想いを馳せて、『明日は幼稚園に来られるようにお祈りしようね』という先生の声かけからはじまって。いまできることじゃなくて、できるようになることの喜びを分かち合おうとしてた。できない友だちがいれば、教えたり、教えられたりすることを楽しむ、そんな場所だった……」

たしかに、幼稚園はキリスト教系だったとはいえ、子どもたちがお互いに向ける眼差しにギャップがある。学校では、出欠確認は事務的な「健康観察」だろうし、なにかが「できること」に関心が向けられがちだ。

妻は、すやすやと眠るむすこの寝顔を見ながら話をつづける。

「卒園までの3ヵ月は、『明日の朝は、なにしてあそぼう！』とわくわくしながら寝ていたね。これを（共働き世帯などの子どもが小学校入学後に直面する）〝小1の壁〟ということで片付けていいのかなぁ。ここで順応できないと、社会に出てから困るのか……。わからない……」

妻はやつれた表情でうなだれる。

第3週

4月25日［月］

荒れるむすこ

月曜の今日も、先週から引きつづき「学校に行きたくない」モード。

週末は、家具職人さんの工房で、お手製の鉛筆をつくらせてもらって息抜きしたり、自分たちが住むまちの議員さんが開いている子どものためのフリースペースを覗いたりしてゆっくり過ごした。

むすこは、入学から2週間経ち、ストレスのピークだった。ピリピリしていて、自分の望むときに注目が得られないと、棒を振り回したり、奇声を発したりして、ずっと不機嫌にしている。風邪でもないのに下痢をしていて、心身症を起こしているようでもあった。

職人さんの工房には、家具の相談に行った。前回行ったときにもらった鉛筆の芯を削ってもらおうと、むすことは話していた。

ぼくと妻は、職人さんとテーブルを囲んで家具について打ち合わせをはじめた。

むすこはその間中、もらった鉛筆ですてきなテーブルをコツコツたたいて、ぼくと妻の注意を引こうとする。見かねた妻が持ってきていたメジャーを使って、いろんなもののサイズを測るあそびをはじめると、しだいに落ち着いていく。

職人さんが不可解そうな顔をしていたので、どうやら鉛筆がつくりたくて、こういう行動に出ていると説明すると、そういうことならとすぐに作業場にむすこを連れていってくれた。むすこは、一人ですたすたと職人さんのあとをついていく。

職人さんは、ドローイングナイフという刃の両側に持ち手のついた鎌のような道具を出してきて、「好きなだけ使っていい」と、材木を削らせてくれた。

むすこは、材木を台に置き、回しながら皮を削っていく。ある程度まで削れると、職人さんは棒の先端に穴を開け、色鉛筆の芯を入れてくれた。作業の間、職人さんとむすこに会話はあまりない。だが、二人の手はずっと動いていて、手で語る会話のようだ。

「こういうのがいちばんいいワークショップになるよね」と職人さんは言った。

その後も、帰りの車のなかでソフトクリームが食べたいと言って、思うとおりにならないと癇癪を起こし、さらには車酔いをして、となかなか大変な一日だった。家に帰ると、疲れ果てたのか午後5時ごろには就寝した。

翌日は、フリースペースで過ごした。山間《やまあい》にあり、旅で訪れるゲストハウスのような自由な雰囲気。初対面の子どもが多かったが、一日中とても楽しそうにあそんでいた。

そこに集まった子どもたちのなかには、不登校の子もちらほら。娘さんがＨＳＣだというお母さんが偶然来ていて、「病院と連携するほうが学校との調整がうまくいった」という話を聞く。発達相談に強い病院も教えてもらった。地域にある学校の代わりの居場所の資料も入手した。

情報を得るなかで、我が家の次なるキーワードが「不登校」になると気づき、不登校のことが急に身近になった。そのための支援を行っている団体や支援スペースなどは住んでいる自治体にもいろいろあるようだった。

といっても、そこにつながればなにかが根本解決するというわけではなく、当事者はみな悩みつづけているようだ。まずは、むすこの平日の居場所の探索と確保。それが安定してきたら、学校に行けない間の学習支援、となるのだろうか。

＊

今朝も、むすこはストレスがたまっているようで、出発ギリギリまでテレビを見ていた。休み明けの月曜の朝。エンジンがかからないのだろう。登校への付き添いがしばらくつづくであろうことは、夫婦で覚悟している。

今日は妻の付き添いの番で、長男が出かけるのを次男と見送る。むすこは玄関を出たところで立ち往生し、ランドセルを地面に投げたりして行きしぶりをしている。

ぼくは、その様子を横目に見ながら、次男を自転車に乗せる。次男の機嫌を保つため、少し遠回りして大好きな消防署の前を通って、保育園へ向かうことにする。

自転車を漕いでいくと、消防署では、消防士たちが消防車を磨いていた。

しばらくその様子を二人で眺めてから、保育園に向かう。「今日は、救急車が一ついなかったね」と次男が言う。

保育園の駐輪場に着き、次男をおろそうとすると、「お兄ちゃん、学校に行きたくないって、言ってたね」と唐突に言う。次男の目にも印象的だったのだろう。

「寂しいのかな」とぼくは言う。

「ランドセル捨てたね」と次男。

「そうだね……」としかぼくは言うことができない。

*

登校をしぶりながら出かけたむすこであったが、学校から帰ってくると様子が変わっていた。

お昼過ぎ、自宅の2階で仕事をしていたら、「ただいまー」と元気な声。階段を下りて、玄関を覗いてみたら、ランドセルだけが床に転がっている。外にいるのかなと、ドアを開けると、見覚えのあるオレンジと緑のストライプのスカーフを首にまいて立っている。

「お母さんにマフラーもらったんだー」

そう語る、むすこの表情は笑顔で清々しい。それは、登校に付き添った妻が、学校を離れる際、むすこに「お守り」として渡したものだった。むすこはそのスカーフをにぎりしめ、ニコニコ微笑んでいる。

「それで勇気が出たんだねー」

胸の奥がじわっとあたたかくなる。むすこが好きな絵本で、勇気がテーマの『ラチとらいおん』にちなみ、お守り代わりにライオンのキーホルダーをランドセルに入れる、ということも妻と話してやっていた。だが、妻の身につけていたもののほうが効き目があったようだ。

むすこの最近の様子を見ていると、以前、おしゃべり上手な弟に親の注目が集まり、うまく注意を引けずに荒れていた時期と重なるところがある。お母さんがもたらす安心感は、父親には真似できるものではない。

暑かったので、「水風船でも買いに行こうか」と、ぼくとむすこは家から少し離れたところにある駄菓子屋さんに自転車で行った。レジ横にくじ引きつきの十円ガムが売っていたから、「お父さんの分と2個買って」とやらせてみた。1回目ははずれたが、2回目に当たりの赤いガムが出た。

お菓子が100円分もらえることになり、むすこはうれしそう。「どれがいいかなー」と、迷いながら、ゼリーとラムネを選んだ。

そんな感じで、帰ってきたあとは楽しく過ごし、快活によくしゃべっていた。就寝は、まずまずの夜8時半だった。

夫婦会議④　視覚化で不安を減らす

この日の夜は、学校での不安軽減策を夫婦で考えた。

妻は学校での観察で、「文字がまだ読めないむすこにとっては、口頭での説明だけでは予定がうまく伝わらず、不安な気持ちにつながっている可能性がある」と気づいたという。そこで、言葉ではない形で、日々の予定や送り迎えについてわかりやすく視覚化してみようという話になった（これを視覚的構造化と言う）。

送り迎えは、一緒にいるとむすこがより安心できる妻が付き添う日をなるべく増やすことにした。そして、担当曜日を決めて、むすこの時間割表にシールで示すことに。父はサメシールで、母はラッコシール。月曜はラッコシール、火曜はサメシールと貼りながら、どちらが送り迎えなのかを伝えていく。見通しが立つことで、多少は不安感が軽減できないかとやってみることにした。

それから、「うちの子のような行きしぶりはよくあることなのだろうか？」という疑問から、関連するデータがないか調べてみた。

行きしぶりの数を調べた直接的なデータはなかったが、このとき手にできた、我が家が住むまちの4年前のデータでは30日以上休んでいる不登校の子が、小学1年生だと全体で12人。小学校全学年では239人いて0・87％。割合としては多くはないが（一人でもいれば重大事だが）、5年で3倍以上に増えていた。不登校までは至らない行きしぶりが、どれほど潜在しているのかはこのデータを見ただけではわからない。

同じ調査によると、不登校の理由のうち、「入学、転編入学、進級等の不適応」は約2％とかなり少ない。

「あまり最初から心配し過ぎるのもよくないのかもしれないね」と妻。「ゆったりとした気持ちで、親もすり減らないようにやっていくしかないね」と、ぼく。

でも、どういう塩梅で構えていればいいのかがよくわからなくて、親の不安は尽きない。

4月26日［火］

付き添いで、心をすり減らしながら

今朝のむすこは、寝起きは少し機嫌が悪いくらい。さほど疲れてはいない。起きてからは、比較的、機嫌よく過ごす。今日は体育があり、半袖、短パンの体操着で登校になる。短パンはスースーしていやがり、長ズボンも上にはいていた。着替えまでは調子がよかったのだが、今日も家を出る段になって、急に「学校に行きたくない」となる。この壁をどう乗り越えるかがむずかしい。

むすこが家の前で立ち往生をつづけるので、集団登校の集合場所に親だけで行き、付き添い当番のお母さんに先に行ってほしいと伝える。

小学2年生の子を持つそのお母さんは「うちもそうでしたー、お気持ちわかります」と、心配そうな顔で言う。その子は、2年生になって一人で登校できるようになったそうだ。

今日は、妻が付き添いできないので、しぶるむすこを抱っこして登校することにする。むすこは少しジタバタする。いやがりはするが、暴れはしないので、そのまま約20キロの体を抱えて、細い小道を抜け、谷を下り、また坂を上がる。

途中、むすこの気を逸らすために、ときどき足を止めて、「この間、工作した鳥の巣に鳥は来たかなー」とか、「植えたどんぐりの芽は出てこないねー」とか、学校とは全然関係のない話をする。気持ちだけでも急がないようにする。一部の話にむすこは乗ってきたが、少しすると、すぐ「帰る、学校に行きたくない」と言いはじめる。

「給食は楽しみだよね」と言っても、「行きたくない」と繰り返す。前日の夜は楽しそうに給食の話をしていたのに、いざ、朝になると不安が勝るようだ。今日は仕事の打ち合わせがあるので、9時までは教室で付き添うことにした。

教室に着くと、むすこは椅子に座ろうとしない。いつもと逆で、家に帰ろうとするむすこを、ぼくが席のところでおさえようとしている。攻防の末、なんとかむすこは席に座る。

朝の会が終わり、1時間目の国語がはじまる。昨日は、宿題にやり残しがあった。その箇所を先生に「やって持ってきてください」と注意され、再提出することに。入学早々、そこまでやらせるのか……。

宿題については、やるもやらないも子どもしだい、子ども自身が叱られながら自主的にやればいいと思っていた。だが、毎日新しい宿題がどんどん課され、追い立てられていく。むすこにはペースが早過ぎるように見えた。再提出がたまっていくのも子どもの心には負担になるだろう。手伝ってでもすぐに終わらせてしまえばいいのだろうが、それでは本末転倒だ。学校の宿題との付き合い方は、悩ましい。

9時になる。学校を出る予定の時間だ。先生の手が空いたところで、この日も結局、教室でむすこを引き離してもらうことになる。

また叫び声をあげて、泣くむすこ。

しかし、なんとなく、先週と泣き方が変わり、弱まった気がする。先生によると、ぼくが学校からいなくなったあと、むすこはすぐ泣きやんでいるとのことだった。泣きはするが、親と離れる必要があることはわかっているのだろう。ぼくがいなくなってさえしまえば、きっとなんとかなる（ただ、一抹の不安は感じている）。

気持ちは晴れないまま、学校をあとにする。

むすこと離れるために、あの手、この手で、うそをつきそうになる。「すぐに迎えに来るよ」とか、「長くいてあげられる日はいてあげられるよ」とか。その場しのぎで言ってしまうこともあったのだが、発言がうそになってしまったとき、むすこは大きな不安を感じていて逆効果だった。都合が悪くてもうそはつかず、できないことはできないと言う。そのあたりも注意していこう、などと悶々と考える。

本来は、子ども自身が楽しくて学校に行きたくなるような「しかけ」があるのがいちばんいい。だが、教室内のことは、親にはいかんともしがたい。コロナ対策も徹底され、子どもたちのコミュニケーションが制限され、交流が減っている。仲良くなるためのレクリエーションなどの機会もあまりないようだ。

おそらく、登校への付き添いは長くつづくだろう。どこかで一人で学校に行けるようになるか、はたまた、行けなくなるか、予想がまったくつかない。

4月27日［水］

通いつづければ、慣れるの？

今日も、むすこの行きしぶりがひどい。

なかなか靴下を履こうとせず、妻がなんとか履かせる。むすこは、家を出たくなくて、玄関と居間を仕切る引き戸をガタンガタンゆらす。

今日も集団登校の出発には間に合わず、登校班には先に行ってもらう。

この日、長男の送り担当は妻だった。ぼくは次男を保育園に送りに出かける。慌てて家を出て、家の鍵を忘れてしまった。自宅に戻ったが、なかに入れない。

うわー、まずい。

妻に電話をすると、近くでまだむすこが行きしぶっているというので、通学路を追いかける。

谷の入り口のところで、妻とむすこはもみ合っている。妻は疲弊した顔で、ランドセルを手に持って、帰ろうとするむすこの手を引いている。

「なんのためにこんなことをしてるんだろうねー、もう帰ってしまおうか」

妻はあきらめ顔でぼやく。

どうしたものかと思いながらも、学校に慣れるためには通いつづけたほうがいいような気もしていて、暴れるむすこを抱きかかえて学校に向かおうとする。※1

が、じたばたして、なかなか前に進めない。

もう8時半ごろになり、1時間目がはじまりそうだった。谷を抜けたところで、ぼくだけ先に学校に行き、ランドセルを届けることに。今日は10時に仕事の打ち合わせがあるので、少し焦る。

教室の前で、朝の会を終えた担任の先生と会う。

「どうですか？」と先生は聞く。

「いま通学路で、妻がむすこを連れてこようとがんばっています。少し時間がかかりそうなので、先にランドセルだけ持ってきました」

先生は「お父さんやお母さんがいなくなれば、数分で楽しそうにしているんですが」と言う。

ぼくも「学校に来てしまえば大丈夫な気がするんですけどね。最初の段階の『行く』ところが……。昨日もむすこを抱きかかえて学校に来ました。学校に行くことを、いやがっ

※1…当時は通いつづければ慣れると思い込んでいた。

てしまってるんですよね」と応じる。

「そうですか。本人が納得することがいちばんとは思うのですが……」と語る先生も、少し不安そうだ。

「これからゴールデンウイークの連休もありますしね。行きたくないと言っているので、一度休ませてしまってもいいのかもしれませんね」とぼくは「学校を休む」という選択肢に話を向けてみる。

「詳しい知り合いにも相談しているんですが、行かないようにはしないほうがいいんじゃないでしょうか。答えはないですが……。学校側としては、付き添いは歓迎しますので、お父さん、お母さんがいられるようであれば、本人が安心するまで一緒にいていただいて大丈夫です。放課後まで付き添っていただいても。徐々に離れていくのがいいのかもしれません」

そう言われて初めて、親が学校で付き添っていても問題ないと知る。

「そうですか、ありがとうございます。あと、今度の家庭訪問で詳しく話そうと思っていますが、ＨＳＣはご存じですか？　自分も知ったばかりなんですけど、うちの子は、どうも性格が当てはまる気がしてならないんです」

「あー、ＨＳＣですか」

先生は、ＨＳＣという言葉は知っているようだった。だが、むすこにその可能性があるとは思い至っていないようだ。

ひとまずは、昨日のようなかたちで、学校まで連れてきて、先生が引き離すことをゴールデンウイークまではつづけてみましょう、ということになる。
「詳しい知り合いにも相談してみますね」と先生は言って、職員室のほうへ歩いていった。※2

仕事に支障はあるが、付き添うしかないんだろうなと考えながら、校舎玄関を出る。
校門に近づくと、柵の向こうにある陸橋の下に、妻がいるのが見えた。むすこは見えないが、橋の上にいるようだ。

ジャンケンであそびながら、なんとかそこまでは誘い出せたようだが、なかなかむすこは橋から下りてこない。

「見つからないように、いなくなって」と妻に小声で言われ、ぐるりと迂回して、学校の通用門から逃げるように出る。

むすこと妻がいる陸橋は、正門側とは反対側からも上れる。もうむすこはいないだろうと、階段付近に近づくと、階段上にまだむすこがいた。しまったと思って、急いでその場

※2…このとき、先生が言った「詳しい知り合い」が具体的にどういう専門性を持っていたのかは定かではない。保育園や幼稚園の延長線上で考えていたこともあり、本人の意思に反する引き離しに問題が多いことに、当時は気づけなかった。行きしぶりの対応は、「離れる↓安心」ではなく、「安心↓離れる」がよいとされる。

を離れる（「お父さん、逃げたでしょー」と、あとで言われた）。

通学路とは別の道を急いで家に帰る。だが、ほどなくして、「もう無理、来て」という妻からの悲鳴のような電話があり、自転車で学校に戻る。

学校に戻っても、陸橋の付近に二人の姿は見当たらず、電話も通じない。

そのときには、9時ごろになっていて、むすこのクラスの子どもたちがグラウンドで体育の授業をしているのが見えた。遠巻きに「あのなかにいればいいんだが……」と思ったが、二人の姿は見えない。「教室にでもいるのかなあ」と思いながら、また家に戻る。

途中で、知らない番号からスマホに電話がかかってきた。出てみると、妻だった。「家にむすこといる。ケータイの電池が切れ、近所のママの電話を借りた」

急いで家に帰る。学校に行かなくてよくなったむすこは、安心感に包まれ、清々しさを身にまとっている。「もうわかったよ、お父さんも怒ってないよ」と努めて穏やかに声をかける。むすこは「今日は学校に行かないけど、明日は行く」と自ら言う。

幼稚園でも何度かあった展開だな、と思った。

「でも、ランドセルが学校だよね。どうする？　給食のときに取りに行こうか」と話をしてみると、「そうする。給食だけ食べて帰る」と言う。その時間は、妻が一緒に学校に行き、放課後まで付き添うことになった。

給食まで、少し時間がある。妻は職場にいったん出勤し、それまではぼくがむすこと家で一緒にいることになった。

「10時から仕事の人たちがうちに来るから、一人で部屋にいるんだよ。あと、部屋の掃除もしておいて」と言っておいたら、1時間近くはテレビを見ていたが、15分ほど掃除機をちゃんとかけ、そのあとは一人で筆ペンでひらがなと数字の練習をしたり、コピー用紙で折り紙や工作をしたりしていた。

11時半ごろ、職場から戻ってきた妻とむすこは学校へ向かった。

午後2時過ぎに二人は帰ってきた。給食を食べ、授業にも参加したようだ。むすこの表情はすっきりしていて、やはりよくしゃべる。先生も交えて、三者で話し合いの時間が持てたそうだ。

むすこは、親と無理やり引き離されたことで、学校に行きたくなくなってしまったようで、その点については先生も「ごめんね」と謝ってくれて、一人で学校に行けるようになるまでは、何時まで親が一緒にいるかを話し合って決めよう、ということになったという。

妻の話に、「お母さんが帰るとき、間違って『お母さん、捨てる』って言うかもしれない」とむすこが言った。親に帰られると泣くかもしれないし、「お母さんなんかいらない」と癇癪を起こして言うかもしれない。でも、それは本心ではないんだ、とあらかじめ言っておきたかったのかな。

「お父さんは家にいて仕事をしていない。だから自分も家にいてもいいんじゃないか」とも言っていたが、「それはきみが家にいるから仕事ができないだけなんだよ」と言い聞かせる。

つたない言葉ながらも、むすこは自分の気持ちを表現しようとしていた。むすこに無理強いはせず、むすこの気持ちを受け止める――それを親が行為や言葉で具体的に示す、というのがやはり大切なのだろう。

親は仕事ができなくなるし、先が見えなくてつらい気持ちしかなかったのだが、この日の話し合いで少し光明が差してきた気がした。

結局、むすこの言うことを信じるしかない。妻も、登校に付き添うことで、むすこがなににひっかかっていて、どうしたらよさそうか、少し見えてきたようだった。

その後はむすこの心は安定しているようだった。買い物に出かけ、初めて自分のお小遣いでお菓子を買った。12円のお菓子が、十円玉1枚と一円玉2枚あれば買えることを初めて知り、習いたての数字の意味をかみしめていた。

うちに帰ると、段ボール箱をかき集めて、スポーツカーをつくってあそび、宿題も早々に終わらせた。

さて、明日はどうなるだろう。

4月28日［木］

「小学校はつまんない」

今日も、結局、行きしぶり。昨日の「明日は学校に行く」という約束はどこへ？　朝食をなかなか食べず、着替えもしない。もう登校の時間なのに、パジャマを着たままだ。

「学校に行きたくない。学校なんてつまんない！」と、むすこは言う。

学校はまだはじまったばかりで、つまるも、つまらないもないだろうと思う一方で、公立小はうちの子には合わないのではないかという気持ちも日に日に増してきている。たいていのことは正解が決まっていて、同じことを、同じペースで、同じようにやる学校のスタイルは、たしかに大人のぼくからするとつまらなく見える。子どもも同じように感じたとしても不思議ではない。

宿題も大変なようだ。むすこは、ひらがなや数字などの学習内容を先取りして学んでいない。※　あとで学べる記号や概念より、体験自体を重視してきたからだ。幼稚園も似たようだ。

※……むすこが通う学校は、先取り学習する幼稚園に通う子も目立ち、学習進度もゆっくりではないようだ。このギャップも準備をひといちばい必要とするむすこに不利に働いたのは否めない。

な方針で、むすこ自身も文字にさほど関心を示さなかったことから、小学校の学習内容はほぼゼロからのスタートとなった。

むすこは線を引くのも、塗り絵をするのも、丁寧にやろうとする。宿題も時間がかかるので、1日で終わらせるには親が1時間はつきっきりになって、追い立てなければいけない。

それにしても、いまの小1は宿題が多くないだろうか（住んでいる地域によるようではあるが）？

むすこの学校では、授業が開始した初日から、ひらがな練習の宿題が課され、以降も家庭での学習習慣をつくるためと、毎日プリントが配られている。そうすると、宿題をやらせるために親が家で教師の役割も果たすことになる。

学習の目的は、自分でひらがなを書けるようになる、というシンプルなことだ。だが、課題に追われ、学ぶ楽しさが置き去りにされていく感覚がどうしてもぬぐえない。これ、6年間ずっとつづくの？　誰のためになっているんだろう？　と、もやもやする。

自分のころを振り返ると、小学生の放課後は楽しかった記憶しかない。自分もかつてそう過ごしたように、ひたすら外であそんでいたらいいと思っていたのだが、親も子も、（もしかしたら、教師自体も）宿題の渦にいやがおうにも巻き込まれていく――。

むすこと話していると、学校の楽しみは、おいしい給食だけだと言う。それはおおいによいことではあるのだが。

カリキュラムなしのオルタナティブスクールや、近場のフリースクールなどの民間施設を見学しておいたほうがいいのだろうか。でも、まだ半日休んだだけだし、このまま不登校になるわけではないだろう――。

「学校に行きたくない」と言われただけで、心がかき乱され、不安になる。むすこを着替えさせようと悪戦苦闘している妻の表情も曇っている。

登校班が出発する時間に間に合わず、学校に遅刻する連絡をアプリで入れる。むすこは「給食の時間に行く」と午前中は言っていた。だが、どうしても気乗りしないようで、結局学校は休むことになった。

登校に付き添う予定だった妻は、学校に行かせることはあきらめながらも、仕事が思うようにできないもやもやが募り、精神的に疲れ果てていた。もちろん、ぼくもだ。夫婦ともに、行くか行かないかの一喜一憂を繰り返し、疲弊していた。このままだと、親がつぶれかねない。たとえて言うなら、毎日好きな人に告白しては、フラれつづけるような動揺。親も息抜きをしなければ……。

学校に行かなかったむすこは、テレビを見たり、お小遣いで何本うまい棒を買えるか計算したり、親のオンライン打ち合わせに登場したりと、家でだらだらと過ごしていた。

午後2時ごろになると、近所の子たちが学校から帰ってきた。暇をもてあましていたむすこは、外に飛び出してあそびはじめる。

「同じクラスのＨくんがあそびに来るって言ってた」

しばらくして帰宅したむすこは、うれしそうに言った。

この日は、担任の先生の家庭訪問の日だった。

「これから先生が家庭訪問に来るよ。先生と話すから、会いたければ一緒にいてもいいし、会いたくなければ2階であそんでてね」と伝えると、「わかったー」とむすこ。


午後3時前くらいに、担任の先生が赤い自転車に乗ってやってきた。軒先で先生と立ち話をしていると、近くに住む同じクラスのＨくんが歩いてきた。

Ｈくんは、担任の先生の姿を見て、うちに来ていいものか様子をうかがっている。

「Ａ（むすこ）はうちにいるから入っていいよー」と伝えると、先生にあいさつして、家に入っていった。

そのまま玄関前で先生に、家庭でのむすこの様子を伝える。むすこは幼稚園に通っていたときも1日休んだあと、次の日には元気に登園したことがあったことや、ＨＳＣについて書かれた本を見せ、むすこの性格特性も説明した。スクールカウンセラーなど学校の支援体制についても聞いてみた。

先週まではなんとか登校できたけど、朝の登校ができなくなった。

「これから、どうしたものですかね」と相談すると、先生は言った。

「無理やり親御さんと引き離したことで、わたしとの信頼関係が損なわれてしまったのが大きいのではないでしょうか。その修復のために毎日はむずかしいけど、週に何日か放課後に自宅にうかがって、Aくんと少しあそんでもよいでしょうか?」

そんなに配慮してもらえるのかと驚いた。

「それはありがたいです」と、ぼくは言う。

「今日もこのあと、午後4時から空いている時間帯があるので、Aくんとあそんでもいいですか?」と先生が尋ねる。

もちろん、断る理由はない。

話を終えて、先生が家の前から立ち去ろうとしたところで、自宅の玄関ドアが開き、Hくんが顔を出した。その奥から、むすこが顔を覗かせている。先生を見に来たのかもしれない。

「Aくん! 家庭訪問に来たよ」と先生が驚いて言う。

むすこは、友だちのうしろのほうにいる。隠れようとするかと思いきや、ニコッと先生に笑顔を向けた。

そのむすこの表情で、先生のことが嫌いなんじゃなくて、もっと注意を向けてほしいのかもしれない、と思い至った。むすこの「学校がつまんない」の意味は、授業の内容とかよりも、むしろ、先生をはじめとした周囲の自分に対する関心のあり方なのかもしれない。

「あとで、少しあそびに来てもいい?」と先生が聞くと、むすこは黙ってうなずいていた。

Hくんは、午後3時半ごろに家に帰っていった。ぼくは、部屋に散らばっていたフリースクールやオルタナティブスクールの本を先生の見えないところに片付ける。Hくんが帰ると、むすこは近所の子と外であそびはじめた。

4時ごろになって、再び、先生が自転車に乗ってやってきた。むすこは、一緒にあそんでいた友だちの輪から、ぱっと離れて家の入り口に向かう。

「外であそんでもいいよ。なにしてあそんでいたの？」と先生が聞く。

その言葉にむすこは答えない。だが、家のなかに入りたそうにしているので、先生にも家に上がってもらう。むすこは階段の途中まで上ると、むごんで2階に来てほしそうにしている。先生も2階に上がる。

ぼくはそこで別れ、1階に残る。

「このおもちゃはなに？　かっこいいね」「これ、トーマスじゃん！」などと、先生はむすこにどんどん話しかけていく。むすこも数分すると、しゃべりはじめる。

「電車ももうちょっとあるよ、トミカがたくさんあるんだよ」

そんな声が階下まで聞こえてきた。先生とむすこの距離は、縮まっているように感じられた。

15分ほど先生はあそんでくれたあとで、「次のお家に行くね」と玄関に向かう。「じゃあ、また、あそびに来ていいかな？」と先生が聞くと、むすこはうなずいた。

玄関を出たところで、先生と少し立ち話をする。むすこはまた家の外に出て、友だちとあそびはじめる。

自転車に乗る準備をしながら、先生は「Aくん、わたしと二人であそびたくて家のなかに入ったみたいですね」と言った。

「ですね、先生が来たときも、ニコッとしてましたもんね」と、ぼくが少し涙目で言う。「はい、よかったです」と先生。心なしか、先生の目もうるんでいる気がした。面倒をいとわず、先生が子どものふところに一歩踏み込んでくれる気持ちもありがたい。

「ご両親にお手間をおかけしてすみません」と言われるが、こちらのセリフである。

またあそびに来るね、と言って、先生は自転車を漕いでいった。

しばらく、あるいはずっとこの右往左往はつづくのかもしれない。うまくいく保証はどこにもない。なにがうまくいったといえる状態なのかもわからないが、子どもが日々を不安なく、楽しく過ごせれば、それでいい。なんとなく親も子も、次のフェーズに進みつつあるような気がしてきている。

夫婦会議⑤　いまある環境を整えながら、学校探しも

週末は不登校に関する情報を集め、夫婦で当面の方針を話し合った。

●本人の意思を尊重すること

学校に行きたくなければ、行かなくてよいことにする。親の自分たちにとって、学校は行くのが当たり前のものだと考えていた。だが、それがもはや当たり前の時代ではなくなってきているようだ。不登校の子を持つ親や、学校の先生の話を聞いたり、関連する本を読んだりして、不登校がどんな子にも起こりうることだとわかってきた。

妻は学習が遅れていくことも心配し、あれこれ情報を探した。知り合いの教師に相談してみると、「教師が言うのもなんだけど、小学生の学習内容自体は、意欲を取り戻せばすぐに身につけられる程度のもの。心配し過ぎないほうがいい」とアドバイスを受けた。現段階では、授業や宿題に追い立てられ、心がくじけ、学ぶことを嫌ってしまうことのほうが影響は大きそうだった。

学校に行かなくても人生なんとでもなる例は無数にある。不登校の増加にともない、学校以外の居場所や塾、学習ツールなどの民間サービスが増えてきていることもわかった。「勉強は学校でするもの」という考えにとらわれず、本人の意

思やペースを尊重できるようにしようと話し合った。

●子どもの話をしっかり聞くこと

子どもを子ども扱いせず、きちんと話を聞く。子どもが主体的に選んだことは、親が先回りして止めず、なるべくそのとおりにする。そうすることで、子どもとの信頼関係を結び直し、話し合いや約束が成立する状態に持っていく必要がありそうだった。いつのまにか、なにを言っても「いやだ」と拒絶されることが増えてきていた。

●付き添いはフルで行うこと

まずは安心が大事なのであれば、中途半端に突き放すようなことはしない。付き添いをするなら、安心するまで一緒にいてあげることを前提とする。

●情報収集をつづけること

上記を行いつつ、我が子に合う支援制度などを調べる。

「子どもの特性は大きくは変わらないのだから、それを受け入れてもらえる態勢をどう整えるか、なんだろうね」と、ぼく。結局、どういう学校を選んでも、周囲の理解と協力は必要になる。むすこの性格特性をふまえたうえで、どんな教育環境がより合うのかだ。なんとかいまある環境を、変えていけないものかとぼくは考えている。

「でも、やっぱり学校探しはつづけておきたい」と、妻。「できれば、移住をして、学校環境を変えてあげたい、いまなら間に合うのではないか」と悩んでいる。自分たちの仕事などを考えていくと、移住は簡単なことではないのがおおいに悩ましい。「いまある環境を整えながら、学校探しもつづけよう」と話し合った。

第4週

5月2日［月］

子どもとの信頼関係、どうつくる？

金土日は、ゴールデンウイークの前半の連休だった。日曜日の段階では、むすこは「明日は学校に行くつもり」と言っていた。だが、朝起きると気分が変わり、行きたくなくなるようだ。

今日は前夜話し合った夫婦の作戦を実行に移す。ゴールデンウイークの谷間の一日だけの半端な平日。無理して学校に行かせることなく、うながしもしない。

といっても「学校に行くのか？　行かないのか？」とは聞いてしまうし、心穏やかではないので、はしばしで、学校に行きなさいオーラは出てしまっているだろう。

午前は、妻が長男の勉強を見て、ぼくは次男を保育園に送ることになる。

外に出ると、快晴。数週間前に子どもたちと埋めたどんぐりが、黒々とした殻を破り、赤紫色の新芽を出していた。家にいる子どもたちを呼ぶと、「ほんとに出てきたねー」と口々によろこぶ。いちごも色づきはじめ、トマトも実をつけはじめている。庭には、初夏のエネルギーが満ちてきている。

次男を自転車で送り、保育園から戻ると、「『ち』、書いてたんだー。何回も直してぐちゃぐちゃになっちゃったんだけど」と言って、長男は、ひらがなの書き方の練習をしていた。学校に行かないことを当人がいちばん気にしているのであろう。国語は、「も」と「ち」の字の書き方の練習を集中してがんばっていた。算数も、妻と豆を数えて楽しげに学んでいた。

11時45分。むすこが「給食を食べに行く。学校まで一緒に行ってほしい」と言う。お昼以降は、ぼくが付き添うことになっていたので、一足早く家を出て自転車の準備をする。むすこはなかなか外に出てこない。玄関に戻ると、妻とむすこが話していた。

「……やっぱり行けないって」と妻。

「給食だけでも食べに行ったら？」とむすこに聞くが、むごん。がっかりはするが、あまり気にしないと決めるとあまり気にならなくなる。

妻は予約していた病院に出かけていった。

「いってらっしゃい」と大きな声でむすこは言う。学校に行く不安がなくなったからか、親に気を遣っているのか、よくしゃべる。

とりとめのない話を聞きながら、子どもが家にいることが長くつづくようであれば、誰かに見てもらうなり、どこかフリースクールに連れていくなりを考えないと親も抱えきれなくなるだろうなあ、と不安になっていく。

午後はむすこと買い物へ。その帰り道に、立ち寄った公園でむすこの幼なじみと偶然出会う。

その子は、1学年下だが、同じマンションに住んでいたことがある親友の一人。入学前はよくあそんでいた。その子は同じ幼稚園の同級生と走り回っている。むすこも同じ幼稚園出身なので、顔見知りもいるように思われたが、あそびの輪には入らず、遠巻きに見ている。

幼なじみのお母さんと話していると、30分くらい経って、ようやく、むすこはその子たちと一緒にあそびはじめた。何事もこういうペース感で進んでいくのだろうなあ、となんとなく思う。

その後は、家でだらだらとテレビを見ながら過ごしていた。


欠席時は、同じ学校に通う近所の子が、手紙を預かってきてくれることになっている。その子たちが手紙を持ってこなかったので、先生が今日も来るのかなと思っていたら、案の定、午後5時ごろに電話があって、家庭訪問を受けることになる。

5時半ごろ。先生が車で来る。むすこは、近所の子どもたちと一緒に外であそんでいた。その子たちのお母さんたちもいて、おおいに注目される。子どもたちは、先生が突然やってきて少し興奮気味だ。

家の外で、妻と一緒に先生と、むすこの一日の様子を立ち話する。むすこは、周囲に人が大勢いたこともあり、先生が話しかけてもむごん。

恥ずかしそうに、家の陰に隠れたりしていたが、先生が「自転車に乗るところを見せてほしいなー」と言うと、自転車を走らせるところを得意げに見せたりしていて、先生が来たことはよろこんでいるようだった。

近所の子たちも学校の先生が来たことが珍しくて、「Aくん、なにしてるのー?」とむすこに声をかけたり、走り寄ってきたりと、もうそろそろ帰宅する時間なのに、わいわいがやがやしはじめた。

ぼくは「先生に週末につくったおもちゃを見てもらえば?」と言って、なかに入ってもらうことをうながす。

先生は、「お邪魔してすみません」とそこにいたほかの子の親に声をかけながら家に入っていく。

週末に、友だちの家で、むすこが自分で釘打ちしてつくったパチンコ台を見せると、「すごいねー、どうやってつくったの?」と先生が質問をする。

最初は、言葉少なだったが、先生が質問して話を引き出していくと、少しずつ話すようになっていく。

保育園から帰ってきた、おしゃべりの次男が積極的に、「Jくんの家でつくったんだよー」とか、「ここは自分がつくった」と解説をはじめると、長男も負けずに、より話すようになっていく——というような感じで、先生はむすことの距離を縮めていこうとしていた。

30分ほどあそび、先生は帰ることに。

「むすこは先生のことを好きになりたいんでしょうね」と妻が言った。先生が自分を受け止めてくれるのか、むすこなりに確認しているのだろう、と。先生はうなずいて、「試されてますすね」と言った。

「うまくいくかわかりませんが、しばらくこうやって来ますすね」

先生は、去っていった。

サン＝テグジュペリの『星の王子さま』でキツネが語るように、人と人が信頼関係をつくるには、物理的にともに過ごす時間の長さが必要なのだろう。そこに希望を見出したくなるが、うまくいくかはわからない。うまくいかなくてもいいや、といまは思っておくことにする。

5月4日［水・祝］

放課後の居場所を求めてさまよう

今日はゴールデンウイークのお休み。学童にしばらくは通えなそうなので（やめることになる予感）、近場で放課後に通えそうな習いごとを探すことにした。

近所の公民館でアートスクールをやっていて、家族4人で体験講座に参加してみた。

先生は70代くらいのほっそりしたメガネの女性。子ども向けの講座歴40年。画家で、本の挿絵も描いているという。ただ、しゃべらないむすことは好対照で、むすこの反応を待たず、マシンガンのようにしゃべりつづける。

折り紙、いろんな形状に紙が切れるハサミ、ステンシル、虹色の色鉛筆――。いろいろと教材を持ってきてくれていた。ただ、この先生は〝子どもらしい〟快活な反応のないむすこの気持ちが読み取れないのが不安なようだ。むすこが目を輝かせて、やり出そうとしているのに、むすこがしゃべらないゆえ、焦る、焦る。

「あれ、興味ないのかな？」と、次の教材をすぐに出したり、ハサミを使おうとしていると「危ないよ」と幼児のように注意したり、「あれをつくって、これを描いて」と指示しはじめたり。

ほかの子だと、声を出してよろこぶのかもしれない。だが、むすこには、そういったわかりやすい反応がない。

「ごめんねー、なにが好きかわからなくて」と、勝手に反省をはじめてしまう。かたわらで夫婦で様子を見ながら、むすこは、むしろやろうとしてますけど……と思っていた。

「いまやろうとしてますのでー……」と、妻も何度かフォローに入ったが、マシンガン先生は話しつづけ、動きつづけ、落ち着きがない。

1時間を過ぎたころには、むすこは「もう帰るー」と言い出した。

とりわけ、マグネットシートを切らせてもらったのは初めてで楽しかったようなのだが、あれこれ指示を変えられたり、道具の使い方を注意されたりしているうちに、だんだんつまらなくなってしまったようだ。

放っておいてほしいな……。

小学校のお受験の面倒もよく見ていると先生は語り、教室で子どもたちがつくった制作物の写真を見せてくれた。どの作品も、大人が見てうまいなあと思う出来栄え。年齢に応じて、こういう絵が描けるようになると言い、そのノウハウがあり、それが受験対策にもなると教えてくれた。

アート系の活動は、自由にのびのびやるものと思っていた。だが、〝習いごと〟となると、その分野ならではの「競争」の要素が入り込んでくることもあるようで、少し驚く。我が家が求めている「居場所」とは、方向性が違うようだった。

体験講座を終えて、帰る道すがら、「つまらなかったよねー」と正直に話をしていたら、むすこも我が意を得たりという表情をして、「バカバカー」と言った（最近はストレスがたまるとこう言う）。

むすこが、ストレスをためただけだったかもしれない——と、夫婦で肩を落とした。だが、むすこは家に帰ったあと、もらってきた体験授業の材料を床に広げ、黙々とマグネットシートを切ってあそんでいた。

「これがユラユラ椅子、山、チューリップ、イルカ、魚、おばけ」

カラフルなマグネットがかわいらしく並んでいく。やはり、やりたかったんだよね。

5月6日［金］

学校に行きたいのに、行く場所がない

今朝のむすこは、はっきりと「給食のときに学校に行く」と言っている。だが、本当に行くかどうかはギリギリまでわからない。

昨日の夕方から、仕事の繁忙期の妻が陰をまとっている。『ちびまる子ちゃん』でいうところの、どよーんとした、縦線が何本も顔にのびているのが見えてくるようだ。

自分はといえば、連休途中の半端な平日だし、学校に行けなくてもいいと割り切っていたので、さほどストレスには感じていなかった。

知人の紹介で読んだ絵本作家・五味太郎さんの『大人問題』（講談社文庫、2001年。単行本は1996年）という本に、「事実に対して子どもってまじめだし、そのまんま受けとめる」と書いてあった。むすこの様子を見るにつけ、本当にそうだと思う。いやなものはいやだし、つまらないものはつまらない。行きたくないなら、行きたくないのだ。その感情を否定せず受け止めながら、どうしていくかが次のステップと思えた。

とはいえ、朝はせわしないこともあって、家のなかの緊張感が高まるのを自分でも感じる。小学校がはじまって以来、ピリピリがつづいているのは否めない。

今朝は、長男が椅子をなぎ倒してあそび、次男も真似し、それに妻が怒鳴る一幕も。次男がしつこくあそびつづけるのでぼくが止めると、大泣き。その泣き声のうるささで、また長男がイラついて、そこら中のおもちゃを放りなげる――というカオス。

朝の時間、むすこはとても緊張しているようだ。どうしても「今日はどうする?」という話にもなる。せきたてられてしまう部分もあるだろう。

朝8時、妻が次男を保育園へ送りに家を出る。長男は、居間のブラインドカーテンごしに、近所の子が学校に行く様子を見ようとしている。気になっているようだ。

むすこは、ほかの子たちが学校に向かう時間に、行けないでいる自分の状況にイライラして荒れているようにも感じる。本当は一緒に行きたい、でも、行きたくない気持ちのほうが強くある――簡単には言語化できない複雑な感情を抱えているようだ。※

みんなが登校するのを見届けたあと、むすこはマグネットシートを小さく切ってあそんだり、鉛筆を削ったりしていた。

※……不登校支援の現場では、行きしぶりや不登校傾向がある場合、親が登校をうながしたり、意識させたりする「登校刺激」を与えないことが最初の対応として勧められる。刺激を減らすために、思い切って休ませたり、登校の話を担当する親を決めたり、筆談にしたり、学校の話は本人がするまでしないことにしたりするなど、工夫するとストレスが緩和される。だが、当時のぼくは知らなかったし、むすこの周りの大人も誰も知らなかった。

8時半ごろ。妻が次男の保育園から戻ってくる。「となりのクラスの子が元気そうに学校へ通うのを見て、『いいなー』って思っちゃった」と、どんよりした表情で靴を脱いでいる。妻には、週末にゆっくり気持ちを休めてもらわんとなあ、と思う。

むすこが暇をもてあましているので、幼稚園児のころからお世話になっている、おばあちゃんのような存在のファミサポさん（ファミリーサポート制度で子育て世帯を支援する地域の方）に連絡すると、厚意で半日見てくれることになった。

「午前中は、Kさんがあそんでくれることになったよ」と妻がむすこに伝える。

すると、「お父さん、Kさんのところ、行ってくるね」と、むすこは表情をパッと明るくする。そして、「Kさんに、ランドセル見せよう！」と、学校に行く準備をはじめた。

「今日は、こくごとさんすうがあって――」と楽しそうだ。

むすこは、Kさんの家へ妻と向かうことに。出発前には、Kさん宅の玄関前で「お母さんとはバイバイでいい」と自ら言う。

この状況が学校に置きかえられたら、それだけで解決なのにと思わぬこともない。だが、それがとりもなおさず学校との関係の現実なのだろう。そんな日も来るのかもしれないし、来ないのかもしれない。ともあれ、楽しく出かけられるのはいいことだ――と思いながら、笑顔で去るむすこを見送る。

第5週

5月9日［月］

不安だらけ、初めてのひらがな

先週の金曜日は、Kさん宅に行ったあと給食登校ができた。

今朝も機嫌がよい。日曜日の段階で、「明日の朝は学校に行かない。給食から行く」という話が家族の間でできていたからか、はたまた、ウサギを飼っている友だちがあそびに誘ってくれたからだろうか。

今日は、午前中に学校で心電図検査があるのだが、「行きたくない」と言うので無理強いはしない。しばらくは、こんな調子がつづくのかなあ、とぼんやり思う。朝ご飯が終わり、妻が次男を連れて保育園に行く。

むすこは、家に残り、テレビで『おさるのジョージ』を見ながら着替えをする。ぼくが仕事をしている時間は、一人で過ごしてもらうことにしようとする。が、結局、相手をしていなければなにもせずテレビを見ているだけなので、しばらくして宿題の残りの色塗りを一緒にやることにする。

「ロバの色はどんなだっけ?」「このおじさんの服をすてきな色にしよう——」などと、丁寧に色塗りしていると、2枚分を塗り終えるのに1時間半もかかってしまった。おそらく、宿題としては、1色でささっと塗りつぶしてしまえばいいのだろうけど、そんな宿題になんの意味があるんだろうと思わないでもない。[※1]

それでも、10時半になると暇をもてあましはじめ、二人で牛乳を買いに行く。前日に友だちの小3のお兄ちゃんと牛乳を買うおつかいに二人で行けたのが楽しかったようなので、それを繰り返すことにする。

ところが、玄関を出たところで、むすこの行きしぶりの事情を知らない近所の話好きなおじいさんと出くわしてしまい、「あら? おかしいな、昼間なのになんでいるの?」と言われてしまう。

むすこはむごんでかたまっている。

「あー、まずい」と内心思いつつ、「今日はゆっくり、給食からなんですー」とにこやかにとりつくろった。

だが、このあとに、むすこの気持ちは学校に行きたくないモードに変わってしまう。

近所のドラッグストアの日用品コーナーに行く。

「牛乳が何円だから、何個百円玉が必要か?」とか、「お釣りは全部で何円?」とか、数

※1…そもそも塗り絵は、筆圧を身につけることが目的だとあとで知った。

字に関心を持ちはじめていたので、算数の練習をしてみる。五円玉は一円玉が5枚分だということが初めてわかり、感心しているようだった。

20分もすると、買い物は終わった。

こういうとき、近所で子どもが過ごせる場所が欲しいと心から思う。むすこは、現在、12時半ごろにはじまる給食を登校のよりどころとしている。比較的近所で評判のよい、学校に行きにくい子の通うフリースペースは9時半から開くため、むすこの生活リズムでは2時間ほどしかいられない。また、ほかも週に1日程度しか開いていなかったり、中高生を主な対象としているところが多かったりして、うちのニーズとは合わない。

誰かがかたわらにいて関心を示してくれさえすれば、むすこは楽しくいられそうなのだが、肝心の居場所が見つからない。

自宅に戻り、仕事の片手間に生返事で相手をしていると、暇過ぎることにむすこは腹を立てはじめた。ハサミを持ってきて、「お父さんを切る」と言ってくる。それならと、「お父さんではなく、折り紙を切ってあそんでみようか」と話す。アートスクールで少しやっていたことのつづきをしようと考えた。

折り紙を四つ折りにし、適当に切って、開くと模様ができ上がる。「おもしろい模様ができるねー」と言うと、やる気を出しはじめ、黙々と折り紙を切りはじめる。

幼稚園でも好きなあそびの一つだったようで、「三角に折ると、桜みたいな模様になるんだよー」「バラバラになったって、おもしろいよね」と、発想を自分で広げていく。集中していくうちに、だんだんむすこの生気が満ちてくる。表情が自信に満ちてきて、つくり方を得意げに教えてくれたりもする。

作業しながらだと、学校の話も口数多く聞かせてくれた。

「学校のひらがなの授業は、みんな速いんだ」

そう語るむすこの口調は、自信がなさそうだ。

なるほどなー。子どもによっては、ひらがなは幼稚園ですべて覚えてきている。我が家は子どもの「無文字時代」の言葉によらない体験を大切にしようとしていたこともあり、積極的には教えてこなかった。本人もさほど関心を示さなかった。大人からすると、あとから誰でも覚えられるので、気にすることではないと思うのだが、子どもはいまを生きるし、プライドが高い。

むすこにとっては、毎日1文字程度覚えていくスピードが速過ぎるようだ。[※2] 正しくゼロ

※2…書字に困難を抱える子どもは少なからずいて、パソコンの使用など合理的配慮（ニーズに合った支援）が必要なケースもある。成長もするので、むすこの場合がそれに当たるかはわからないが、初めて字を習う機会に先生に×をつけられたり、直されたりしたことで自尊心が傷ついてしまっていた。むすこの「速い」は、うまくできずに困っていて、助けてほしいというサインでもあったと思う。

から学ぶということが、いまの環境下では自信を失わせている部分がある。先取り学習の効能は、こうした劣等感を子どもに持たせないため、という理屈になるのだろう。

おそらくこの競争環境は、学校の先生も意図せずして生まれてしまっているのであろう。この競争を生む評価軸とはちがう軸があれば、とも思う。

「書く速さより、A（むすこ）は丁寧で、字もきれいだから、きれいな字の書き方を学べばいいんじゃない？」とぼくは言った。

「速さ」で勝負をしなければいいのだ。速さはいずれ身につけたときに横並びになるのだから、もっと、美しさや、漢字の成り立ちを調べることとか、別の軸を大切にするといい。文字との初めての出会いで、嫌いや苦手になるのはもったいない――というような話を、親としては繰り返し、繰り返し話していくのがいいのかもしれない。

元気を取り戻すうちに、「Hくんと学校から一緒に帰る予定だったよね？　帰りにいないと困るんでないの？」と聞くと、「そうだね、学校行くわ」と気持ちが切り替わる。

ちょうどそのタイミングで担任の先生から、「いまなら心電図検査が間に合います。今日やらなければほかの学校で受けなければいけません」という連絡が来る。だが、それをそのままむすこに伝えてしまったことで、また学校へ行きたくない気持ちが高まってしまう。なんとか学校までは自転車でたどり着いたけど、結局、校舎のなかに入らず、12時半には家に戻ってきた。

放課後、Hくんが約束通りむすこを呼びに来てくれた。「ウサギを見せてもらえる」と、むすこはよろこんで出かけていった。

午後4時ごろに担任の先生が宿題を届けに家に来た。むすこはちょうど不在。ぼくから一日の様子を伝えた。先生は少し時間があるというので、妻とともに、むすこがあそびに行った友だちの家に少しだけ顔を出してもらうことになった。

しばらくして、むすこは妻と家に帰ってきた。だが、機嫌がとにかく悪い。「ウサギを飼いたい」としつこく言いつづけ、ずっと荒れている。

〝ちゃんとやらせよう〟が、子どもを萎縮させる

5月10日［火］

本日は給食登校の予定。午前中は、むすこと二人でおでかけ。情報収集をするなかで知った、小さなフリースクールを開設する臨床心理士P先生のところへ相談に行ってみることにした。

駅前のアパートの一室に、そのフリースクールはあった。P先生は元教師で、スクールカウンセラーなどもしている50代くらいの女性。不登校支援のNPO代表だ。フリースクールは、インターンの大学生なども手伝っているようだった。朝9時半に訪ねたためか、この日は利用者はほとんどいなかった。ふだんの利用者は中高生がほとんどで、小学生は少ないという。

P先生は、開口一番にこう言った。

「先生がしっかりし過ぎていませんか？」

P先生によると、しつけが厳しい先生のもとで、不登校が生まれやすいのだという。

そのときまで、ぼくはむすこの担任は、放課後にまでわざわざ顔を出してくれる〝よい先生〟と思っていたのだが、はたとそこで気づかされた。

むすこが叱られる対象ではないので、この日記にはあまり書いていなかったのだが、たしかに、言われてみれば、担任の先生のクラスの子どもたちに対する指導は、かなり厳しかったのだ。

「○○さん、マスクがずれてます。手を洗ってきなさい！」「この線の内側は歩いてはいけません。○○さん、やりなおし！」……。

大人の視点からすると、学校では、そんな厳しさもよくあったような気がして、「むすこの担任は、わりと厳しい先生だなあ」とか「会社でも上司が部下を人前で面罵《めんば》しちゃいけないといわれる時代なのに、学校では許されているのだな」などと内心思いながらも、ことさら大きな問題だとは考えていなかった。学校とは、そんなものだろう、と。だが、やはり「大人が感じるように、子どもたちも教師の振る舞いに恐怖を感じている」とP先生は言うのだ。

そして、次に聞かれたのが、「親がしっかりし過ぎていませんか？」

P先生によると、親が子どものしつけに厳し過ぎる場合も、子どもが追い詰められがちだという。我が家の場合、しつけに厳しいとは思わなかったが、4月の登校をうながすためのやりとりは、「ちゃんとしなさい」「早くしなさい」「なんで行かないの？」と命令したり、せきたてたり、詰問したりするかたちになりがちで、学校という新環境に不安を抱えるむすこを追い詰めていたことは間違いない。

話をしている間、P先生は、「怖かったよね」「よくがんばったね」などとむすこに声をかけ、「箱庭療法」の砂に動物フィギュアを入れてあそんでくれた。

すると、驚くことに、わずか30分ほどで、いつも人見知りで人前でしゃべらないむすこが、べらべらと饒舌にしゃべりはじめたのだ。

「この人は、自分の気持ちをわかってくれる、話を聞いてくれる」

むすこは、口に出してそうは言わないけれど、態度が明らかにそう示していた。

そこから反省させられたのは、子どもとの信頼関係のつくり方だった。大人は、子どもがあるシチュエーションで模範的にどう感じるべきかを押しつけようとしてしまいがちだ。しかし、たとえ子どもの口をつくのがネガティブな感情であっても、実際のところなにを感じているかに寄り添うことが重要なのだ。学校が不安なら、「楽しいところもあるよ」などと言うよりも、まずは「不安だよね」と気持ちを受け止めてあげればよかったのだ。

そして、一緒にあそぶことで、むすこが安心して心を開いているのもわかった。目の前の気持ちに寄り添い、あそぶこと。そうすれば、子どもは自然と心を開き出す。


P先生には、以下のようなアドバイスをいただいた。

- 我慢して登校をつづけると、のちのちこじれてしまうこともある。その意味で、正直に感情を出しているのはいいこと
- 行かないことを主張することで、親や先生の注意を引こう、変わってもらおうとしている

●本人がいやと思っている条件を取り除けるよう、配慮していくのがよい
●先生が〝しっかりし過ぎている〟ときに、不登校は起こりやすい。〝ちゃんとやらせよう〟という大人の意識が、子どもを萎縮させていく
●先生には、子どもの声を伝えたほうがいい。叱り方についても、言ったほうがいい。本人も気づいていなかったり、余裕がなかったりするので。叱って子どもの行動管理をしようとしても効果はない。かえって叱られるまではやっていいと考えるようになったりする
●先生にとって、不登校は「恥」と感じるもので、なんとかしようと思っているはず
●担任は進級時に替えてもらったほうがいい。仲のよい子や、どんな担任がよいかは校長や教頭と事前に話すのがよい
●集団登校も上級生が指導的になる環境なので、無理には参加しないほうがよい
●親も〝しっかりし過ぎている〟と、家でもきっちりさせようとして、より子どもの感情がおさえられてしまう。家庭では、甘やかすくらいでちょうどよい
●明日行くかどうかみたいな話はプレッシャーになるだけなので、しないほうがよい。そのときどきの気持ちに寄り添えばよい
●学校のなかに居場所を見つけられるとよい
●親は焦るが、本人のペースが大事
●夏休み明けくらいに学校に行けるようになればよいのではないか

学校が学習指導要領や前例、制度などの縛りでがんじがらめになっていくなかで、あるいは、もはや大多数となった核家族の家庭が子育てを家庭に抱え込んでいくなかで、子どもが息抜きする「隙間」を見つけにくくなっているのかもしれない。

なにも解決はしていないが、むすことの対話の糸口が見えたような気がして、心が少し軽くなった。担任の先生とのかかわり方も考え直す必要がありそうだ。そして、家庭でもやれることはあるだろう。

ひとまず、以下を実践してみようと考えた。

- 改めてだが、無理してまで学校には行かせず、むすこが行きたければ行くことでよしとする
- 〝行きたくない〟を生む要素は取り除けるよう学校に働きかける
- 学校のなかで行きたくなる場所を探してみる
- 宿題は本人のペースですることを学校側に伝える

見学のあと、むすこは妻と給食を食べに学校に行くことになっていたのだが、この日も、登校はせず終わった。完璧にはできないだろうけれど、その気持ちに寄り添いつづけてみよう。

5月11日［水］

赤ちゃん返りが止まらない

「むすこには、いまの公立学校に居場所がないのかもしれない」

先生の理不尽な厳しさは、いまの日本の公立学校だと避けがたいのかもしれない。優しい先生ももちろんいるが、担任になるかはくじ引きのようなもの。P先生の話を聞き、学校に対する不安な気持ちが、夫婦の間でより強くなっていく。

「オルタナティブスクールだったら、毎日通えたのかもしれない」「家で過ごしている一日一日がもったいない」——そんな思いがぬぐえず、悶々とする。たられば の話ばかりしてしまう。

だが、悩んでばかりいても仕方ない。今日は最初から学校を休ませて、近隣で有名なオルタナティブスクールを運営するNPO法人が主催した、里山での体験学習プログラムに参加してみることにした。

だが、むすこは、それも行きしぶる。

前日までは参加する意欲を見せていたのだが、朝になると、「行きたくない」となる。なんとか口説こうと試みるが、なかなかうまくいかない。結局、無理やり着替えさせそうになり、これでは本末転倒だなと思いとどまる。

なにがそんなにいやなんだろう？

もしかしたら、言葉の説明だけでは、なにをやるのか見通せなくて、不安なのかもしれない。そう思い至り、里山でどんなことをするのか動画で見せてみた。※1 木工の様子などを見るうちに、むすこが安心していくのがわかった。なにがなんでも行きたくないわけではないようで、不安が払拭されれば、心が落ち着いていく。

これは行けそうだなと思ったので、「車で『おさるのジョージ』を見よう！」とぼくは言った。大好きなアニメの動画を見ていいことにして、むすこを誘う。むすこは「うん」と承諾したものの、動きはしないので、パジャマ姿のまま抱きかかえて車に乗せる。納得しているためか、暴れることはない。

9時を少し過ぎたところで急いで妻と3人で出発。会場となっている里山は、車で1時間ほどの距離にある。むすこは、『おさるのジョージ』を見てしばらくすると、寝はじめた。夫婦でほっと一息。やれやれ、毎朝ひと騒動だ。

この日は自分はプログラムが終わるまで付き添うことにして、妻はむすこが安心しているようであれば途中で抜けて仕事に行く、という手はずになった。

10時過ぎに会場となっている里山のふもとにある公民館に到着。むすこは車内で着替えをして、車を降りるや、ずっとおんぶ。

ほかの参加者の多くは電車で来る予定で、少し離れた駅から歩いてくることになっていた。早く着き過ぎたので、駅のほうまで迎えに行く。だが、妻と自分でむすこを交代におんぶしながら、山道を行くことになる。

しばらくして電車組と無事合流し、公民館に戻る。集まった子どもたちは10人ほど。学校に行かない子もいれば、親がオルタナティブスクールに関心があって学校に通いながら参加しているという子もいる。

おとなしそうな子が多いが、よくしゃべる子もいる。人前で自己紹介できない子も多く、うちだけじゃないんだな、となんとなくほっとする。

自己紹介のあとは、里山の森のなかを散策することになった。だが、その前にマムシなどの毒ヘビ対策の話があり、怯えたむすこは、出かけられず妻にべったり。里山を登っていくほかの子たちを公民館から見送る。

しばらく公民館であそんでいると、みんな戻ってきて、おにごっこをしはじめる。むすこは、それも見ているだけで参加はしない。

※1…後日、先行きの見通しが立たないことに不安が強く出る特性があることを知る。そういった子どもは、視覚的に説明すると理解しやすいことも多い。

昼ご飯は、けんちん汁の準備を子どもたちがすることになっていた。料理には、むすこも妻と参加し、自宅から持ってきた人参を切っていた。

妻にむすこの対応をしばし任せて、持参した仕事の資料を別室で読む。ほかの子のお母さんが、ノートパソコンを開き、せわしなく電話をかけたり、キーボードをたたいたりしている。子どもが学校に行かなくても、親の仕事はつづく。みな、なんとかかんとか、その日その日を乗り切っているのだろうと心中を察する。

午後1時ごろ、昼ご飯ができる。公民館の裏にあるウッドデッキにみんな集合。小麦粉団子入りの野菜たっぷりけんちん汁と、持参したおにぎりを食べる。自分でつくったけんちん汁は気に入ったようで、むすこは、おいしいおいしいと、ふだんは食べないナスまで食べていた。

ご飯が終わると、妻が仕事のため帰宅することになる。むすこは、「あと5分」「あと少し」と引き延ばしていた。しばらくそんなやりとりをつづけたあとで、「お母さんの代わり」と、妻が着ていた上着をもらうと、しぶしぶ納得して別れることができた。

その後も、ぼくにずっとべったりで、好きなはずの木工の工作も、パステルを使ったお絵描きも、「今日はやらないわ」と、すべてあまりやらずに過ごす。※2

パステルを使ったお絵描きは少しやりたそうだったが、先生（そのスクールでは先生とは呼ばず、さん付けで大人を呼ぶ）が少しずつ近づいてきてくれたところで、時間切れ。

最後にあった振り返りのサークルタイムの時間は、むごんで過ごす。だが、ほかの子の話す様子を見ていると、自分の考えや感じていることを言葉にするのが得意ではない子が、うちのむすこ以外にもちらほらいる。

そんな子たちも作業の時間は楽しそうに集中して絵を描いていたりするので、その日の感想が「ない」わけではもちろんない。そんな子たちがしゃべり出すのを、ここでは先生がじっくり待っている。そんな様子を見ていて、約30人の子どもたちが同じペースで授業を進める学校って、言葉にするのに時間がかかる子には不利だよなあと思えてきた。

むすこは、この日は、あまり心を開き切れずに終わったかもしれない。それでも、なにかを押しつけられるわけでもないので、ゆったりと一日を過ごすことができた。

遠出してみて一つわかったのが、親が自分を置いていなくなることをむすこが常に心配している状態だということだった。赤ちゃん返りとも見えるもろもろの行動の背景に、「親に置いていかれる不安」が強く、相当に根強くあるのがわかってきた。

この不安を解きほぐしていくことが、われわれ親のまずやることだ。

※2…あとで聞いたら、そもそも「見学」のつもりだったそう。

5月12日［木］

「大人の正しさ」が持つ凶器性

朝、長男が起きるや、弟をたたいていじめている。そして、台所で朝ご飯の支度をしている妻のところに行ったかと思うと、今度は、不機嫌そうに「ハムが食べたい」としつこく言う。

妻はちょうどピザを焼いていた。

「ピザにのってる。ハムは、一日1枚」と、イライラした口調でむすこを諭す。

妻は、健康のために塩分の多いハムを食べ過ぎないように注意してそう言っている。いつもなら、自分も妻の側に立つところだが、それでは家族中にイライラが伝染するパターンになりそうだった。

そこで、子どもの言うことを〝とにかく否定しないこと〟を実践してみようと、あえて横から口を出してみる。

「食べたいなら、食べれば」

察した妻がむすこにハムを1枚渡すと、むすこのイライラはすぐに落ち着いていった。

わかりやすく反応するものなんだな、と思う。

じつは、前日の夜も、〝否定しない作戦〟が功を奏していたのだ。

むすこが、弟が自分の鉛筆削りを使ってお母さんとあそんでいるのが気に入らず、弟の足を踏んだり、奪い取ろうとしたりと、いやがらせをはじめたときだった。

「自分は使っていないんだから、使わせてあげなさい！」と兄のほうを叱りたくなるところだったのだが、まずは、落ち着いて「やめなさい」と優しい口調で引き離そうとしてみた。

すると、むすこは、癇癪を起こして奇声をあげた。逆効果だ。

「やめなさい」というぼくの発言が、むすこからすれば、弟を擁護しているように聞こえているようだ。

そこで、むすこには「自分のおもちゃを勝手に使われるのがいやなんだよね」と言い、弟には「お兄ちゃんのおもちゃを使いたいときは、使っていい？ と聞くんだよ」とむすこにも聞こえるように言い聞かせてみた。

すると、おまじないのように、むすこの気持ちがすーっと落ち着いていく。

これだ！ と思って、今朝も同じようにむすこの気持ちに寄り添ってみたら、やはり目に見えて効果があった。

自分もついついやってしまうが、親から子どもに対する、日常の些細な「拒否」の言動というものがある。「ちゃんと○○しなさい」「どうして○○なの？」など。だいたいは、叱り、命令、注意、指示の口調になるのだが、親自身に「拒否」を伝えているという自覚がないことが多い。

親であれば、子どもがなにか〝間違ったこと〟をやりかけたときに先回りしてやめさせたり、やめさせようと注意したりした経験が誰にもあるだろう。

些細で、日常的なことだが、じつはそれが〝子どもをあるがままに受け止めること〟とは、対極にある態度なのだと反省した（もちろんなにか危険なことをやろうとしている場合は止めるとしても）。ある意味、「大人の正しさ」が持つ凶器性。

ハムを2枚食べたくらいで、死にはしない。自分の欲求を認められただけで、むすこは機嫌がよくなり、弟をあやしていた。

大人は、子どもに「正しい行動」を求めがちだ。人に迷惑をかけてはいけないという対人関係の話だけではなく、歯磨きでも、着替えでも、こうするのが正しいという常識がある。でも、間違っていることがわかっていたとしても、子どもが自ら言ったとおりやらせて、失敗させてみる。そのほうが、親がとやかく言うより、学びがありそうだ。

とすれば、声かけは、「やってみれば」の一言でいい。

特に、むすこのように慎重派で、大人の注意をよく聞くタイプほど、自信を持つには、小さな失敗と、それを切り抜ける経験をたくさん積んでおいたほうがいい気がしている。

次男も、長男のケアに全力を注ぐ妻と接する時間が不足してきたからか、長男にいやなことをされるせいか、昨日から様子が少しおかしい。今朝は、自分のハムが千切れてしまっただけで大泣き。10分ほどえんえんと怒って、なにを言っても泣きやまない。

子どもに振り回されつづけ、妻は明らかにげっそりと疲弊していた。それでも、気を取り直した妻が、ハムをベロのように口につけて、ベロベロバーとあやしたら、次男は笑って泣きやんだ。

朝食のあと、妻が「今日は給食から（小学校に）行く?」とむすこにさらっと聞く。むすこは、しかめっ面で、「行かない」。その返事をそのまま受け止めて、それ以上は登校の話はしない。

徐々に全員元気を取り戻し、すごく久しぶりに緊張感のない朝の時間が過ぎた。妻はやつれた顔で「車で弟を保育園に送り、そのままカフェで仕事をする」と出かけていった。

自宅でパソコンに向かって仕事をしながら、子どものこともさることながら、妻が休息できるようにもしていかないと——と、ぐるぐる考えごとをしていたら、しばらくして妻から電話がかかってきた。

「財布を忘れて、ショッピングセンターの駐車場から出られない」

雨がパラパラ降るなか、ぼくは急いでショッピングセンターまで自転車で財布を届けに行った。

家に戻って少しすると、気力の限界を超えた妻が帰ってきた。「今日は仕事を休む」と言うや、ソファに倒れ込む。顔色が青白い。

自分も仕事に集中できず、最低限の打ち合わせだけオンラインで済ませると、仕事をするのはあきらめ、むすこにひたすら付き合うことに決めた。

新しく届いたトランシーバーのおもちゃであそんだり、切れた電池を買いに行ったり、仕事の荷造りを手伝わせたり、工作のテレビ番組に出てきた空飛ぶＵＦＯをつくってみたり、パステルで画用紙に絵を描いたり。

妻も起きたあとは「仕事モード」から切り替え、むすこと買い物ごっこをしたりして、たっぷりあそんであげた。

不思議なもので、そうしていると、むすこはここ数週間見られなかった元気を取り戻し、表情もとても豊かにずっとニコニコしている。入学前はその姿がいつものむすこだった。ようやく戻ってきたのかなー、とも思う。※1

最近のむすこに対する親の接し方の「変化」を整理する。

●「学校に行くか、行かないか」は聞かない

このやりとりをつづけるかぎり、毎日むすこにプレッシャーがかかる。思い切って話をしないことにすると、それだけでずいぶん安心している。

●むすこの考えは、そのまま受け止める

親の考え方や価値観は一度脇に置いた。親の視点では間違っていると思われることでも、あえて言ったとおりにする。あまやかしであり、わがままであっても、それをいまはさせる。聞き分けがよく、失敗を避ける傾向にある、ある意味では、〝子どもらしくない〟我が子にとって、子どもらしさがそこにあらわれていると考えるようになった。「大人として扱うこと」が、子どもらしさを引き出すことになるというか。自分の考えを受け止められていないときに明らかに反発しているので、反発することこそ、むすこ自身の考えを大切にするとよさそうだ。

この二つだけ意識して集中してあそんだだけで、明らかにむすこの心の元気が取り戻されていた。

それから、もう一つ。妻があまりに疲弊しているので、ぼくは任せ切りだった朝ご飯づくりを「自分が担当する」と宣言した。その間は、出勤前の妻が、むすこたちと触れ合う時間にしてもらう作戦だ。

むすこの様子や発言を見聞きしていると、以下も有効そうで、試してみようと考えている。

※1…ちょっとした兆候で一喜一憂していたが、回復までの道のりはとても長い。

●子どもの前でスマホをなるべくいじらない

触る場合も、なんのために触っているのかを言う。あるいは、トイレで触るとか。これは、態度として自分に注意が向けられていないことを示してしまう。というか、むすこに注意された。前々からよくないと思いつつ、やってしまっていたし、まだやってしまうが、これは意識して、特にいまはやらないようにするのがよさそう。

●むすこの〝説明書〟をつくる

学校や習いごとの先生など第三者向けにむすこの特性の説明資料をつくっておく。性格特性がはっきりしているぶん、あれはOK、これはNGとわかる部分もある。「我慢できない不快な音がある」「活動に参加する前に観察する時間が必要」「ストレスがたまるとチック症状が出る」など。むすこがむごんのときなど、どう対処できるとよいか、うまくいった例や失敗しがちな対応なども書いておこうと思う。[※2]

こういう対応や準備こそがじつは大切で、どの学校に通うかうんぬんの前提になるような気がしている。

＊

今日は担任の先生が午後3時ごろ、家庭訪問してくれた。久しぶりだったからか、また関係性が振り出しに戻ったようで、むすこはむごん。先生になにを聞かれても、ネガティブな反応をするか、無反応、あるいはうなずくだけ。

合わない上司と部下のやりとりみたいで、先生も気を遣い過ぎて、むすことの会話がぎこちない。用件を聞くような会話になってしまっていて、「朝顔を植えに来る?」「いや」「家でやる?」「……（むすこむごん）」――といった感じのやりとりに終始する。

妻と自分が会話に介入して、30分ほど経つと少しだけ打ち解けてむすこも言葉が出るようになった。だが、赤ちゃん返りしているむすこは、妻にずっと抱きついたまま。コミュニケーションをとろうとする先生にものを投げつけようとしたりもしていて、ずいぶん緊張している様子だった。先生が帰ったあとは疲れてぐったり。

この日は、先生が来る前に、クラスの友だちが少しだけあそびに来てくれていたのだが、その子は、先生が来ると、「先生が来るなら帰る」とさっさと帰ってしまった。来るなら、

※2…我が家では、子どもがどんなことに困っていて、どういう支援が必要かという視点で毎年情報を更新して学校側と共有している。

「いる」ではなく、「帰る」のか……。どうやらむすこの担任は、子どもたちからだんだん「怖い先生」と思われるようになってきている節がある。

むすこも、当初とは違い、先生と会うことをいやがりはじめていた。家庭訪問をつづけてもらうのがはたしてよいのかも立ち止まって考えたほうがいいのかもしれない。※3

スクールカウンセラーにつないでもらえるのが2週間後とまだだいぶ先なので、しばらくは学校との間でなにも前に進められそうなことはない。それまでは欠席でいいだろうし、少なくとも1学期中は登校しないような気がしてきている。

一方、同じ学校の校舎でも、放課後の剣道クラブの見学は好きなようだ。練習場所の学校体育館にはよろこんで行く。そこで練習に参加するわけではなく、座っているか、ごろごろしているだけなのだが、それでも、師範たちが、ゆるやかに見守ってくれている。

来週にかけて民間の学校をいくつか見学する。学びの場の選択肢が見つかっていくかどうか。

※3…このあと、やはり「先生の怖さ」が学校の行きにくさにつながっていることがわかり、家庭訪問はやめてもらうことにした。担任の先生は教室内での叱りや注意が厳しく、影響を受けやすいHSCの子どもが教室復帰できる環境と思えなかったため、学級への復帰は無理には進めないことにした。教室内での子どもに対する不適切な指導やかかわりは、川上康則『教室マルトリートメント』(東洋館出版社、2022年)でも問題提起されている。

第6週

5月18日［水］

子どもの問題は、大人の問題

日記の間が1週間ほど空いた。むすこが学校に行かない状態がつづき、「登校」について書くことがなくなってきている。

本日、絵本作家の五味太郎さんの子ども論のエッセイ『大人問題』を読了した。

> 大人は有害である。いじめ、閉じこもり、不登校……子供問題は、世間を気にし、教えたがり、試したがる大人に問題がある。子供は、大人の充足のためのものではない。新人、ルーキーだ。「これから何をするんだろう」「いつ化けるかな」と、大人は緊張し、楽しみに見守るサポーターになろう！
>
> 五味太郎『大人問題』（講談社）内容紹介より

五味太郎さんは、30年近く前から、子どもの問題は、じつは大人の問題であると喝破し、子どもは大人のことをまともに見ていて、大人の言動を「そのまんま受けとめる」と説く。

子どもが青い顔して「学校、行きたくない」と言っているのに、「行きなさい」と言う親の神経がわかりません。わが子がかわいくないのでしょうか。子どもってかなり正常ですから、その子どもが行きたくないと言うなら、その場所が異常だと思うのが普通の感覚です。この場合、「どうして行きたくないの?」でなく「じゃあ、どこに行きたいの?」と聞くのが妥当です。

ぐさり、ぐさりと五味さんの言葉が胸を刺す。むすこの様子を見ていて、本当にそのとおりだと改めて反省する。五味さんの二人の娘も高校や中学校を途中でやめているのだが、そうなって自然と受け止めていたそうだ。

学校というシステムが唯一無二の手立てではないことが実感としてよくわかっていましたし、かたや彼女たちもまたそんな親の子ですから「学校もある」ぐらいの人生で、その当人が「学校が合わない」って言ったのです。だから、ぼくはOKもへちまもなく、そのまま受け止めただけの感じで、とくになんの問題もありませんでした。今その娘たちもかなり大きくなって、そのまま明るくなんとかやっています。

前掲書より引用

むすこの行きしぶり渦中のぼくたち夫婦はここまで達観はできなかった。そのまま受け止められなかったことで、子どもが追い詰められ、身心に不調まできたしていたのは間違いなかった。

この本のなかで子どもにとって「大いなる味方」と紹介されていた、日本国憲法の教育に関する条文の意味をかみしめた。

〈日本国憲法 第二十六条〉

すべて国民は、法律の定めるところにより、その能力に応じて、ひとしく教育を受ける権利を有する。

2 すべて国民は、法律の定めるところにより、その保護する子女に普通教育を受けさせる義務を負ふ。義務教育は、これを無償とする。

子どもたちには、教育を受ける権利がある（その権利は行使しなくたっていいと五味さんは言う）。保護者は教育を受けさせる義務を負い、無償で義務教育は受けられる。にもかかわらず、公立学校の教室から、むすこが弾き出されているという現実がある。

学校に通えない状態をどうやり過ごしていくか。必然的に、親の時間・金銭的な負担でなんとかすることになる。不登校の増加にともない、学校以外の学びの場も含めて子どもに学ぶ機会を提供するため、教育機会確保法が２０１７年に施行されている。だが、実際のところは、学校や学校以外の学びの場と家庭との「間」をつなぐ公的な支援や選択肢は十分にはない。※ 特に、義務教育期間はそうだ。

　そもそも、これだけ「インクルーシブ（包摂的）な社会」が唱えられる時代なのに、入学したての子どもが最初の社会であるはずの学校から弾き出されてしまうこと自体が、おかしくないだろうか。これって、子どもの問題なのだろうか？

「能力に応じて、ひとしく教育を受ける権利を有する」と憲法にはある。にもかかわらず、それが保障されない子どもたちがたくさんいる。

　では、どうすればよいのか。もやもやは募るばかりだが、世の中にどんな学校があるかを探るよい機会と前向きに考えて、情報を集めている。明日は、インターナショナルスクールも覗いてみる。我が子の居場所は、日本にありや、なしや。

※……あとでも触れるが、教育支援センター（旧適応指導教室）、特別支援学級、通級指導、不登校支援員など、制度自体はなくはない。民間のフリースクールも増えてきている。公的な学びの多様化学校（旧不登校特例校）も設置が進みつつあり、一部の自治体では、フリースクールの補助金も出るようになった。問題は、制度とのつながりにくさにある。制度自体を保護者が知らず（この日記を書いていた時点では我が家も情報があまり得られていない）、子どもも親も無用に傷ついていたり、申請していないと支援が速やかに受けられないケースがある。また、特別支援教育などの制度を使うと通常学級（やそこにいる友だち）と分離され差別的な構造に陥りがちなことや、利用のために転校が必要になるケースがあること、地域間格差が大きいことなどが問題としてある。

5月19日［木］

1年遅れの学校探し

子どもが学校に行かなくなると、働いている親がいちばん困るのが、子どもの対応で仕事ができなくなること。そして、生活の見通しが立ちにくくなることだ。ぼくはフリーランスで取材活動をしながら、小さな出版社を営んでいる。比較的仕事は調整がしやすいため、4月はもともと入学準備のために仕事の量をセーブしていた。妻はフルタイムで働いている。自宅で働くぼくのほうが、必然的にむすこの対応の多くを担うようになっていた。

5月に入っても、家にいるむすこの相手をしなければならず（低学年で放置できないし、放置するのも気がとがめる）、仕事は夜くらいしかできない。会社員であれば、妻か自分のどちらかが会社をやめざるをえなかっただろう。コロナ禍でリモートワークが進んだのは、仕事をつづけるうえでは幸いした。妻もリモートワークをしたり、仕事の時間を調整したりして、できるかぎりむすこといられる時間をつくっていた。

親も一大事だが、いちばん大事なのは、むすこの心の安定だ。朝から疲れた表情でボーッとし、テレビを何時間もずっと見ていることも増えてきた。むすこの心を休ませつつも、安心していられる場所を探す必要があった。それが少し遅めの「就学先」探しにもなってきていた。

1年前にしてあげられていれば――という後悔は正直ある。学期途中からのオルタナティブスクールや私立学校への転入は、空き枠がないことも多く、ハードルが高くなっている。空きがあっても移住が必要なケースが多かった。

思い出すのは、自分の大学卒業時の就職活動だ。新卒一括の就職活動の波に乗らなかったことで、仕事をスタートさせるのに苦労した経験がある。日本社会は一度レールからはずれると、進路を軌道に乗せるのがむずかしいと感じたものだ。就活どころか、小学校からして「遅れる」ことが生活に大きな影響を与え、遅れることへの不安が広く浸透している。むすこはまだ1年生だ。6、7歳でレールを踏みはずせば崖から転落では、安心して失敗しながら成長することなど不可能だろう。

出遅れたからといって、選択肢がないわけではない。どんな場所なら、小学校入学後でも選択肢になりえるか、家族で模索してきた。むすこのおかげで、(うちの子に合いそうな)どんな学校の選択肢があるかを、遅まきながら、実地で幅広く見ることができた。

①オルタナティブスクール

先日お試しで参加した里山での体験学習プログラムに月2回参加できそうだった。里山にある公民館を借りて、里山散策、工作、絵画、料理などの体験学習を主に提供している。運営はNPO法人。教授法は、子どもの主体性を重視し、引き出していくファシリテーション型。ある程度プログラムが用意されているが、子どもの関心に沿って体験を提供する。「先生」は、「スタッフ」と呼ばれる。スタッフを「さん」付けで呼び、対等な関係性づくりを行っている。子どもが集中している作業を発展させたり、その子に合わせて働きかけを行ったりしている。

母体となっているオルタナティブスクールも見学した。ことばと数字を学ぶ時間が核にありつつ、子どもが主体的に考え、選べるプロジェクト型の学習に力を入れている。学ぶペースは子どもに合わせてそれぞれ。校舎は公民館程度の広さだが、体育館もある。校庭ではニワトリを飼っている。むすこの好きな工作材料もたくさんある。

こんな環境であれば、むすこも問題なく通えそうだった。意志の強さやマイペースさなどの特性が「問題」化されにくい環境というか。車で1時間の距離。我が家がある地域から電車で通う子どももいるとのこと。近くはないが、選択肢に入れることが不可能ではなかったことを知る。ウエイティングリストには、一応入れてもらう。でも、小規模で、同じ学年だけで8人待ち、全体では100人待ち……。入学できる可能性はほぼない。※

②インターナショナルスクール

ここも子どもが自らテーマ設定して課題に取り組む探究型・プロジェクト型の学習がベースとなっている。やはり、グローバルに考えると、そういう学習が当たり前の時代だよなあ、としみじみ思う。

文部科学省も子どもの主体的な学習を重んじて、探究型学習などを学習指導要領で打ち出してはいる。だが、現場で運用されているカリキュラムとなると、いまだ詰め込み型を脱しているようには見えない。インターナショナルスクールでは、子どもの主体性を尊重しながら、自分の頭で考える批評的な思考力を育む教育を重視し、そのためのカリキュラムが組まれている。

印象的なのは、学校空間だ。建材は木がふんだんに使われ、中央階段には大きな吹き抜けもある。開放的で、とても明るく気持ちよい。教室を見ていくと、やはり日本の学校とは全然違う。まず、固定の座席がない。クッションに座っている子もいる。図書室で寝そべりながら本を読んでいる子がいたりする。

インターナショナルスクールにはさまざまなバックグラウンドの子どもたちが集まる。多様性のある場では、ルールはもちろん重要だ。だけど、日本の学校のような他者に迷惑をかけないための規律より、〝自分の居心地のよさ〟が大切にされている環境であることが見た目にわかる。

※……のちにオルタナティブスクールとしてよく知られるドイツ発祥のシュタイナー学校も見学した。校舎が木造で、見た途端に子どもが駆け出した。子どもの感受性や表現を大切にしたカリキュラム、高校までの一貫教育も魅力的ではあったが、移住が必要だった。

「なんで、日本の学校空間って、無機質で楽しそうじゃないの?」と見ていてため息をつきそうになる。「自分たちが通いたいよね」と、夫婦でうなる。夫婦ともに海外留学経験もあるので、あこがれる。ただ、学費がなかなか高い。インターナショナルスクールでは、国際バカロレアという、日本の学校の卒業資格とは異なるプログラムになる。国内では中高大への接続の問題を考えなければならない。あと、小学1、2年からの入学だと問題ないそうだが、英語の壁はある。8月入学なので、1年生を〝やりなおし〟できそうなのも魅力的ではあった。

③英語のデイスクール

家から車で10分の山のなかに、放課後の子ども向けの英語のスクールがある。そこを運営する講師の人が、「日中も不登校支援でデイスクールのコースを開くらしい」という情報を知人から得て、さっそく体験させてもらった。

講師は、アフリカ出身のOさん。児童の発達心理に詳しく、日本の私立小学校でも教えていた経験がある。アフタースクールでは、自然体験をしながらの英語学習プログラムを提供している。言語は英語だが、屋外あそびなどで身体を動かしながら、それを言語化したり、表現したりして〇さんは声をかけていく。スクールのなかには、大きなトランポリンやサッカーゲームなど、子どもが好きそうなおもちゃがズラリ。登山や川あそびにも連れていってくれるという。人前でしゃべることが得意ではないむすこにとっても身体を動かしながらの活動は楽しそうだった。

最大週3で通うことが可能だった。このスクールと学校の組み合わせ(行けるようであればだが)もよいかもしれない。時間は10時から14時と少し短いが、近場にあるのがとてもありがたい。

講師のOさんは、日本の学校や子どもたちとかかわるなかで、以下のようなことを問題点として語っていた。

- 伝統的日本の教育システムでは、一斉教育のもとで、それぞれのペースでの学びではなく、一律に同じスピードで、同じことを学習していくことが求められがち
- 授業は先生が一方的に話しつづけることが多く、双方向の対話が成り立ちにくい
- ルールは自分を守るためにあるはずが、無数のルールが子どもたちを傷つけている
- 先生が求める「正しさ」を子どもたちが内面化し、ミニ先生となってそれについていけない子どもを集団で追い詰めていくこともある

価値観への共感は、言語の違いを超える。ぼくは英語で話を聞きながら少し涙ぐんだ。もう、ほんと、そのとおりとうなずきつづけた。

もちろん日本でも無数の努力があり、先端校なんかではさまざまな対策も進んでいて、がんばっている先生もたくさんいるはずだ。だが、こうして学校のさまざまなバリエーショ

ンを見ていると、際立つのが、やはり日本の公教育空間の独特な均質性だろう。日本の小学校で、はじめに教わることに、ぼくは衝撃を受けた。机に座って、鉛筆を持つときの〝正しい〟姿勢だったからだ。しかし、この〝正しさ〟というのは、誰にとって〝正しい〟のだろう。それぞれの心地よい姿勢を探ってみましょう、という発想はそこにはない（導入を行う先生のやり方によるとは思うけど）。そのあとにつづくのは、〝正しい〟文字の書き方だ。文字も意思伝達の記号としての側面が強調され、書き文字自体の豊かな表現としての側面はあまり考慮されていない。

現在、幼稚園や保育園では、一人ひとりの子どもの発達をまんなかに置いた教育・保育を行うことが増えてきているように思う。ところが、学校に入学するや、集団のルールに合わせましょう、集団のペースに合わせましょう、できますか、できませんか、という渦に子どもたちは一気に巻き込まれていくことになる。

そのなかで、一定数の子どもたちが乗っている列車からぽろぽろと振り落とされていく。走り出した列車は止まらない。振り落とされたのは子どもたちが〝悪い〟から、やるべきことをできないから、なのだろうか。

——なんてことを考えるような親なんだから、もっと学校選びをちゃんとしたほうがよかったのだろう。いい加減な親でごめんなという思いが、夫婦ともにぐるぐるする。なにはともあれ、現時点でも選べそうな選択肢はむすこに直接見てもらうことができた。

夫婦会議⑥「学校行かない宣言」の真相

今日はむすこの「学校行かない宣言」の真相が少しわかったかも、と夫婦で話す。公立小学校以外の選択肢を持っていなかった我が家。こうなってみて初めてほかの選択肢も視野に入れつつ準備をしておくべきだったと後悔している。

ここのところ、むすこはストレス状態から少し抜けはじめている。そもそも学校とはなにをする場所なのかも見学を通じて見えてきているような気がする。

考えうる選択肢はだいたい提示し終えたので、公立小学校を含めて、行く、行かない、行くとしてもその行き方の可能なバリエーションを絵に描いて妻が説明した（といっても、実際のところほとんど選択肢はなく、公立小学校の通学をベースにしたバリエーションがほとんどなのだけれど）。

そうしたらむすこに「幼稚園は自分で行きたいって言ったんだよ。学校も自分で選びたかったんだ。いま考えてるから、ちょっと待って」と言われた。

通っていた幼稚園は、むすこがもともといた保育園のとなりにあった。保育園に通園するなかで、となりの幼稚園の様子を目にし、「幼稚園に通いたい」とたしかにむすこは自ら言った。当時、その幼稚園と保育園には連携制度があり、むすこは希望通り幼稚園に転園することができた。

翻って、小学校は見学しなかったし、親が本人の意思を確認せずに公立を選んでいた。

「小学校も、同じだったとはね！」と感心する妻。

「小学校は義務教育だし、私もあなたも公立小学校しか知らないし……、小学校は普通行くよね？　むすこに聞くなんて発想はゼロだったよ……」

ぼくもうなずく。たしかにこれまでむすこはたいていのことは説明を聞いたうえでじっくり考えて選び、やると決めたら本当にやる。本人の同意なしで親が勝手に決めたことはまずやらない。そういう性格だった。

「むすこにしてみれば、『行くもんでしょ』は通用せず、大人に勝手に決められたうえ、小学校に行ってみたら制限多くてつまんないし、先生怖いし、『なんだこれ！　行かん!!』という感じだったのかもね……」と妻。

結果的に、1年前にしておくべきだった「学校とはなにか」を知り、「どこに行きたいか」の選択のための期間となっている。

だが、ごめんよ、むすこ。もはやたいした選択肢はないのだ……。

むすこを子どもとみくびって、意思を聞かずに当然のごとく公立小学校に入学させたことを激しく後悔していた。

5月20日［金］

安心すれば、子どもは自ら離れていく

むすこが、親から離れられない状態がつづいている。

学校に行かなくなって以降、抱っこをしなければ外出できず、明らかに幼児退行している。この状態を「母子分離不安」と呼ぶらしく、学校に行かなくなった子の身にはよく起こると本に書いてあった。

今日は、幼なじみのMくんの家でむすこを少し預かってもらった。Mくんはむすこの1学年下で、幼稚園のため不在。午前中は、Mくんのお母さんとまだ赤ちゃんの弟と一緒に家のなかで過ごさせてもらった。そのときは、むすこは以前と変わらない様子だったそうだ。

しかし、お昼に一度帰宅し、午後、幼稚園帰りのMくんと公園で会ったときに急に幼児退行がはじまった。午後に公園で預かってもらう予定だったのだが、ぼくからまったく離れようとしない。

Mくんと会うのが、2、3週間ぶりだったせいか。あるいは、Mくんの同級生が公園にたくさんいたので、もう幼稚園児ではないむすこは気後れしたのかもしれない。むすこと

Mくんはお互いに様子見をつづけてしゃべらない。

小さいころから、ずっとこんな調子だったわけではない。明らかに引き金は「学校」だった。

いまは子どもの学校での不安には、突き放すのではなく、寄り添い、安心させてあげることとわかっている。だが、ほんの数週間前までは、対応の仕方がまったくわからなかった。相談した担任も、適切な対応法を知らなかった。不安がるむすこを無理やり引き離し、置き去りにしてしまったのだ。1週間ほどの出来事だったが、それがどれだけ幼い心を傷つけ、不安にさせたかと思うと、ひたすら申し訳なく思う。

＊

ぼくのひざの上には、小学1年生になり、ずいぶん大きくなったむすこがいる。3月までの自分だったら、「恥ずかしいからやめなさい」と、むすこをひざからおろしていたことだろう。

そのまま30分ほど経っただろうか。Mくんの同級生たちが、習いごとに行くのか、パラパラと帰っていった。

すると、「行ってくる！」

むすこは急にそう言って、自ら駆け出した。そして、何事もなかったかのように、Mくんと公園の遊具でいつものようにあそびはじめた。

なるほど、「安心」とは、こういうことか～、と感心した。安心できるまで、むすこはひたすら状況をじっと観察していたのだ。4月の自分たちになかったのは、そのときを待つ心のゆとりだった。

安心すれば、子どもは自ら離れていく。

むすこの心がもとに戻るまで、どのくらいかかるかわからない。短くても半年、と書いてある記事もあった。それだけ深く傷ついているのだろう。

むすこの心の一大事。忙しさを理由に、ないがしろにはできない。明日は、子どもの発達に詳しい小児科医のところに行って、もろもろ相談してみる予定だ。

5月21日［土］

発達診断、次なる世界へのパスポート

今日は、発達障害[※1]に詳しい小児科を訪ねてみた。少し前にHSCの保護者に会ったときに、薦められた病院だ。むすこが「発達障害」に当てはまるのかどうかは正直よくわからない。幼稚園時点では、発達診断を勧められたこともない。

ただ、むすこの特性が、集団のルールやペースで動くことが多くの局面で求められる「学校」とはうまく合いにくいのは否めない。そんな子を持つ親が、学校側と適した環境づくりを行う際にも、医師の助言や診断書が役立つことがあると聞いていた。

その病院は医師自身が、発達障害の当事者だといい、親はどんなスタンスで臨むとよいか、アドバイスしてくれた。以下が、話のおおまかなポイントだ。

- 発達障害にしろ、HSCにしろ、それは発達の凸凹で、どんな人にも得意・苦手の凸凹はある。そのグラデーションに過ぎない
- 発達障害やHSCといわれる人たちは、その凸凹が強く出る人。得意なことは人並み以上にできることがあるし、苦手なことは極端に苦手だったりすることもある

●分布としては、中央値に凸凹の少ない多数派がいて、他者の気持ちなどに敏感なHSCと、他者とのコミュニケーションが得意ではない自閉症の子が両極にいるようなイメージ。問題は、少数派が多数派の優位な環境では生きにくさを感じやすいこと

●発達障害というのは、「障害」といっても、目が悪いことと同じように考えられる。目が悪ければコンタクトや、メガネで補正するように、発達障害も環境を配慮・工夫すれば、生きやすくなる

●小さいころから発達障害があれば、療育（特性に応じて発達をうながし、自立して生活できるよう支援すること。公的な支援が受けられる）に比重が置かれるケースも多い。小学生以降だと対応としては学校などに配慮・工夫を求めていくほうが、大きな割合を占めていく

●目標を、本人が努力して苦手を克服することに置かないこと。苦手なことは苦手なこととして、保護者が環境配慮や工夫をしていくことで、子どもを支えることができる

●どういう場合に自分の子どもがどうなるか（うまく取り組める、癇癪を起こすなど）、そして、その状況でどう対応するのがいいかを、保護者が学校などに伝えること。それを診断書

※1…障害を個人の心身機能の問題とする「医学モデル」の考え方がまだ主流だが、障害はモノ、環境、人的環境などが生み出すものだという「社会モデル」の考え方も広がりつつある。また、発達障害は、「神経発達症」と表現されることも増えてきていて、「障害」という概念も変化の途上にありそうだ。ここでは、医師の表現に従う。

や意見書で後押しするような役割を病院が担う

- 診断名は、パスポート。環境調整のために必要に応じて使えばいい。そのために診断書や意見書を役立てていくという考え方。診断書や意見書があることで、学校が動きやすくなるケースはある。あくまで、その人は唯一無二のその人なので、診断名は便宜的なものと考え、必要に応じて使い、必要なければ使わなくてよい※2
- そもそも、環境や先生との相性がよいことがずっとつづけば、診断名などいらない
- 今後は、環境調整のプロセスに付き添っていく過程になる
- 学校とは対立しないで、協力関係を築いていくほうがよい

むすこの特性にどう向き合えばよいか、示唆に満ちていて、おおいに納得。そして、学校に配慮してもらうには早めに病院に相談するほうがいいこともわかった（不安がある場合は、入学前がベスト）。

話を聞いているうちに、困っている子どもを中心に、学校、家庭を含む周辺環境＝大人がチームとして目線を合わせ、いかにサポートしていけるか、同じ方向を向ける仲間を増やしていけるかが、大切になるとわかった。冷静さを取り戻し、自分のなかでエスカレートしつつあった公立学校システムへの怒りのボルテージも下がっていった。大事なのは、子どもを支えていくための理解者を広げていくことだ。

子どもを育てるとき、親は自分の経験をたよりにあれこれ考えがちだ。そして、自分にいちばん身近な子どものことはよく理解したつもりでいる。しかし、子どもはいちばん身近な未知の者という距離感で接するのがよいのかもしれない。

ぼくは、異文化理解をテーマとして、取材活動をつづけてきた。ひといちばい敏感なむすこと接していてつくづく感じるのが、そもそも大人と子どもは文化が違う、ということだ。したがって、その土地の言葉を学んだり、所作を身につけたりするように、子どもへの声かけや接し方も、学んでいく必要があると感じている。

子どもの行動が、「問題」化したとき、大人は子どもに変化を求めがちだ。あるいは、「親が変わるべき」と言われることも多い。だが、はたして、本当にそうなのだろうか?

たしかに、子どもは成長に応じて変化していくし、子どもの特性を理解する過程で、親

※2…非常に重要なポイント。発達検査の結果や医師の診断書を活用することで、加配スタッフの支援を受けられたり、手厚いサポートのある特別支援学級に在籍したりできるようになる。なお、発達検査は、ある時点での子どものある側面を数値化し、困りごとをサポートするためのものなので、数値の高低は過度に気にしないほうがいいと思う。ポイントは、子どもが支援を受けたほうがいいと保護者が考えるか、また、本人がそれを望むかで、支援が必要と考える場合は、医師とその前提で相談してみるのがよい。

も変わっていく。でも、親も子も、個人の特性や性格はそんなにがらりと変わりはしないだろう。実際のところは、個人が変わるというよりは、関係性を見つめ直し、未知の者との心の通わせ方を学ぶ、ということに近いんじゃないかと感じている。

自分の思考、行動のくせ、無意識の言葉かけや行為が、子どもにどう響いているのかを冷静に見て、立ち止まって考えてみる。それ自体は、意識さえすれば、さほどむずかしくないのではないだろうか。

自分の言動が、社会的に正しいかどうかではない。子どもが自分の言動をよろこんでいるのか、いやがっているのかを見ていくと、子どもがそれに対して、彼らの個性でやはり〝正しく〟反応していることがわかってくる。

こうして、試行錯誤をつづけていくうちに、自分たちの葛藤のフェーズが変わっていた。もはや、むすこは〝行きしぶり〟ではなく、〝不登校〟と呼ばれる状態にある。

そして、ここからの道のりは、むすこの特性の理解を深めることと、むすこの居心地のよい環境をつくっていくことになりそうだ。きっと長い長い道のりになるだろう。

その後のこと

むすこの〝行きしぶり〟は、こうして入学後1ヵ月も経たずに、あれよあれよという間に〝不登校〟の状態へと発展していった。むすこに元気が戻ったのは、約1年後のことだ。ぼくたち夫婦がたどったその間の紆余曲折を簡単に振り返ってみたい。

師は自ら選ぶ――先生はガーナ人

「学校も自分で選びたかったんだ。いま考えてるから、ちょっと待って」と言ったむすこが選んだのは、ガーナ人のO先生のデイスクールだった。あまり反応がよくなく見えた「里山のオルタナティブスクールがいい」と最初は言ったのだが、通える日程が合わなかった。「デイスクールも楽しそう」と言っていたので、週3で通えるデイスクールを選ぶことにした。

6月からむすこは新生活をスタートさせた。デイスクールは、山の斜面に立つ大きな家で開かれていた。生徒はむすこ一人で、O先生の未就学児の娘も一緒にいることが多かった。先生は、あの手この手で、スクールに通う楽しみをつくってくれた。朝、車で到着すると、自宅の前で落ち葉をブロワーで吹き飛ばしていて「やってみる?」とか、風船を家中いっぱい飛ばしてくれたりとか。子どもが興味を持ち、自然と動き出すしかけを毎回工夫して考えてくれた。

ピクニックや川あそびもよく連れていってくれた。雨天の翌日、むすこが「今日は川あそびがしたい」と無茶を言い出したことがあった。増水してあそべるわけがないのに、O先生はその気持ちを大切にして、「あそべない」という状態を見せるために、わざわざ川まで連れていってくれた。さすがにむすこも納得して、気持ちを切り替えていた。

こうした信頼関係づくりは、言葉の壁を超える。むすこは言葉があまり通じなくても、O先生になついていった。事実上、O先生は、むすこの担任みたいなものだった。不安や疲れで付き添いが必要な日もあれば、週に3日は通えないことが多かったものの(安くはない授業料はとてももったいないが……)、むすこにとっては居場所が一つ確保できたし、先生が子どもの発達に詳しかったので、親にとってもメンター役になってもらえた。

このころ、オルタナティブスクールが企画する子育て講座にも参加し、子どもに向ける親の眼差しや声かけについて、先端でどんなことが語られているのかも学んでみた。自分たちが古き悪しき(?)子育ての慣習を、無意識に引きずっていることにも気づかされた。

先行きは真っ暗、見通しが立ちにくいなかでアドバイスをくれる存在が身近にいることは、とてもありがたかった。

Be patient!――発達には時差がある

デイスクールも行ったり行かなかったりではあったので、親の心もなかなか安定しなかった。O先生に相談すると、よく言われたのが「Be patient（忍耐）!」。むすこのあそびなどの様子を見て、「大丈夫。この子は早生まれだし、1年半くらい成長がゆっくりなんだと思う。学齢期のはじまりももう少し先だろう」と言われた。つまり、なんのために机に向かって学習するのかを理解するには、もう少し時間がかかるだろうということだ。そのときはいつかきっと来る。そのときが来るのを待つしかない、と。

深く考えたこともなかったが、日本では入学時期が生年月日によって原則一律に決まる。それが、早生まれの子にとっては、〝不利〟に働いてしまうことも指摘されている。うちの子は2月生まれだから、4、5月生まれの子とは体格も精神年齢も1年近く違う。もちろん、それでもついていけるかどうかは子どもによるし、いずれ追いつくともいうけれど、一律に同じことをこなす環境のなかではスタートの差が出てしまうのは明らかだった。

シュタイナー教育では、歯が生えかわるころが学齢期のはじまりといわれ、文字の記憶をはじめていくという（うちの子は歯が生えかわるのも遅く、1年生の冬休みにようやく1本目の歯が抜けた）。生物として子どもの発達に時差があっても、多くのケースでは、授業の進度は個々の子どもの成長を待つ余裕がない。そこをどう切り抜けていくかは、考えておく必要がある。

日記でも触れたが、むすこは、ひらがな・カタカナの学習を入学後にスタートした。それでも、本人が「覚える！」と宣言してから実際に読めるようになるまではわずか数ヵ月（書くことに慣れるのには、さらに1年）。ゆっくりペースではあっても、読み書きなどの基本的な力は身についてしまえば、〝差〟が消えるので、あまり気にし過ぎる必要はなさそうだ（ただ学習のしにくさや特性の理解は進めたい）。

自由進度のオンライン教材を使ってみた時期もあったが、そもそも元気が足りず、学習に向き合う準備は整わなかった。それでも、本人なりに学習のことはずっと気にしていて、友だちが宿題をやっている時間に自分もプリント学習をしてみたり、1年生で習う漢字をトイレの壁に貼ってぶつぶつ言いながら覚えたりしていた。視覚化され、見通しのある形が、むすこには学習を進めやすいようで、特性に合った学習法は模索をつづけている。

「学校に行かない」は望んだ意思？

学校に行かなくなってしばらく経ったある日、一緒に外を歩いていると、むすこが「がんばってみたけど、学校は楽しくならなかった」とつぶやいた。期待して通ってみたが、おもしろいことが起きなかった。先生も怒るのが怖い。だから、学校には行かないのだと。

ぼくたち夫婦は、その言葉を真正面から受け取って、当初、むすこは学校に行かないことを自ら望んで選んだのだと思っていた。ちょうど学校以外の居場所を探していた時期でもあったから、そのように受け止めたのかもしれない。じゃあ、別の学校を探そう、と。

たしかにむすこは自らの意思で学校に行かないことを選んだ。だが、大人のような考えで割り切ったのでもなければ、選びたかったわけでもなかった。そのことがのちのちわかっていく。

デイスクールに通っていても、むすこの顔は晴れ切らず、学校に通う友だちのことをいつも気にしていた。朝の登校時間になると、集合場所に向かう同級生たちを窓から眺め、ため息をつく。ストレスから逃げるかのように、寝室にこもりテレビ画面を何時間も眺める日もあった（あんなにテレビを怖がっていたというのに……）。

「もう学校には行かないからね！」と口では言うのだが、本当はみんなと同じように学校に通いたいのではないか――ぼくは、しだいにそう感じるようになっていった。

だが、「もといた教室は怖いから戻りたくない」というむすこの意思を尊重しながら、学校に通わせるのはとてもむずかしい。日記でも少し触れたが、子どもに行きしぶりが生じたり、学校に行かなくなったりしたときに、受けられる支援制度は限られている。

申し出ないと支援は受けられない

最初は相談先すらよくわからなかった。我が家の場合、担任を怖がっていたので、担任は頼れそうもない。かといって、校長や教頭に相談するような話なのかもわからない。相談先としてまず思い浮かんだのが、スクールカウンセラーだった。だが、面談に臨んでみても、HSCや不登校に詳しいわけではない。担任の先生などにむすこの特性を伝えると言ってくれたものの、すでにむすこは学校には通えておらず、実のある話はできなかった。

小学校教師の友人なら学校の内部事情もわかるだろうと妻が相談してみると、友人は、「管理職（主に教頭）に連絡をとって、特別支援教育コーディネーターの先生も交えて面談したほうがいい」とアドバイスをくれた。教頭先生が先生たちの取り仕切り役で、特別支援教育コーディネーターが困りごとを抱えた子どもたちを適切な支援につなげる役割を担うという。特別支援教育コーディネーターという存在が公立学校には必ずいることもそのとき初めて知った。

学校にその連絡をとったころには、もう7月。1学期がまもなく終わろうとしていた。日本の福祉や行政サービスは、申し出ないと支援が受けられないとよく言われる。学校も同じで、「校長先生や教頭先生といきなり話すなんて気が引ける……」なんて思う必要はなかったのだ。特別支援教育の専門家・山内康彦《やまうちやすひこ》さんも、学校側からこんな支援をしましょうかと「積極的に言ってくれることはめったにありません」と言い、保護者から話すことを勧めている（『「特別支援教育」って何？』WAVE出版、2020年）。先生たちだって保護者からリクエストがなければ、どうサポートをしていいのかわからないのだろう。

不登校については、地域に支援団体があることが多い。親の心構えを説くような本もたくさん出ているし、インターネット上にも役立つ動画コンテンツがたくさん転がっている（ただし、親の不安心理につけ込むようなものも少なからずある）。利用できそうな制度については、自分たちで調べていった。

学校の不登校支援の指針はある

調べてみると、文部科学省はすでに不登校支援の方針を出していることがわかった。文部科学省のホームページにある通知を読んでみると、そこには、「チーム学校」として組織的・計画的に問題に対処するとか、学校をより魅力的なものにするとか、明確な方向性が書かれている。※ むすこは、この時点では、別の学級であれば復帰できるという状態では

※……「不登校児童生徒への支援の在り方について（通知）」（令和元年10月25日）、「誰一人取り残されない学びの保障に向けた不登校対策（COCOLOプラン）」（令和5年3月31日）、「不登校の児童生徒等への支援の充実について（通知）」（令和5年11月17日）など

なかったが、いじめや教員の不適切な指導が原因の不登校の場合は、学級替えも柔軟に対応してよいとまで提言されていて驚いた（現場では、そこまでドラスティックに対応してもらえないようではある）。通知をプリントアウトし、現在の状況や使えそうな制度の情報を整理し、必要あれば提出しようと資料をまとめていった。

7月下旬、教頭先生と、コーディネーターの先生と空き教室で向き合いながら、ぼくたち夫婦は話し合いを進めた。

「学校とは対立しないほうがいい」——とは言われたものの、正直、行きしぶりや不登校のことを学んでいくと、対応策は「ある」、あるいは「なくはない」と思えてくる。それもあって親としては学校に対して、してくれなかったことへの怨念がどうしても募ってしまう。だが、打ち合わせの場で怒りをぶちまけたところで、誰も得るものはない。大切なのは、主人公である子どもが必要なサポートを得られることだろう。

だから、その場で伝えたいちばんのことは、「子どもがいま困っている」ということだった。「学校に行きたいと本人は思っているのに、居場所がない」のだ、と。そのときのぼくたちはまだ確信は持ててはいなかったが、そう伝えた。そして、保護者も困っていて、学校としては、どういうサポートができるかを相談するかたちにした。

前向きな相談をしたこともあり、教頭からも前向きな提案があった。「コーディネーターの先生が調整にあたりながら、『特別支援学級』『通級指導』『不登校支援員』の選択肢を検討してみてはどうだろうか？」と。ちょうど支援員の制度を利用できる曜日が、デイスクールの休みの曜日だったこともあり、まずは支援員の先生にサポートしてもらい、学校に慣れるようにチャレンジしてみようという話になった。親が付き添うのであれば、空き教室であそんだり、給食を食べたりすることも可能だという。この話し合いを起点に学校との信頼関係の再構築がはじまっていった。

不登校支援にかかわる公的な制度

●特別支援学級

障害のある子どもたちのために小中学校に置かれる学級。知的障害のほか、自閉症・情緒障害の学級などがあり、少人数クラス（上限8人）でニーズに応じた支援が受けられる。また、障害がなくても、学習に著しい困難を抱えている場合や社会生活への適応が困難な場合も利用できることがある。

●通級指導

通常学級に在籍してほとんどの授業を受けながら、個別のニーズに応じて特定の科目やソーシャルスキルなどを別教室で学ぶ仕組み。発達障害、情緒障害のある子どもが対象。東京都の公立小中学校では、通級指導のことが「特別支援教室」と呼ばれる。

●不登校支援員

別室指導支援員、校内サポートルーム支援員、不登校児童生徒支援員、居場所サポーターなど、呼び名は自治体によって異なる。不登校支援の担当スタッフが、一人ひとりのニーズに対応して支援を行う。利用できる日数・時間、制度の有無、内容などは自治体によって異なる。

●教育支援センター

学校に通いにくい子どもの社会的自立に向けて、平日に通える教室などを開いている公的機関。発達相談もできる。利用できる日数や時間はセンターによって異なる。もともと「適応指導教室」として運営されてきた経緯もあり、学校的空間・内容で運営されていたり、学校復帰を目的としていたりするケースもある。オンラインでサポートを受けられるところも増えてきている。

●学びの多様化学校

不登校の子どもたちの教育ニーズに応じた特別な教育を行う学校のこと。2004年に国内で初めて開校。「不登校特例校」と呼ばれていたが、不登校は問題行動ではないことなどから、2023年8月から名称が変更された。国は「2028年までに全都道府県に設置」「将来的に全国300校設置」を目指していて、2024年7月現在、全国35校（うち公立21校、私立14校）ある。

●**放課後等デイサービス**

障害のある子や、発達の特性がある子の育成を支援する福祉サービス。専門性の高いスタッフがケアや療育を行うことが多く、個別の特性に応じたサポートが受けられ、学童の代わりにもなる。学校との連携や専門的なアドバイスを受けることも可能。医師の診断や療育手帳があれば助成を受けながら利用できる。学校に行きづらい子が居場所として活用するケースも。

「特別支援学級」という選択肢

むすこは、5月の初旬以来、学校には足を踏み入れていなかった。不登校支援員のサポートを受けるにあたり、まずは、8月末の夏休み明け直前の午後、「学校に置いておいた道具を取りに行く」という名目で、次男も連れて登校することにした。そして、コーディネーターの先生と教室で30分ほどあそんでもらう時間をつくってもらった。

弟が一緒だったこともあり、むすこは気軽に登校できた。そのとき、特別支援学級の教室も見学させてもらった。パーティションで個別のスペースが区切られた教室は、知育玩具や体操器具などでいっぱい。小さなアミューズメントパークのように見えなくもない。むすこも先生とおもちゃであそんでもらいながら、楽しそうにしていた。

一学級は8人以内の少人数制。在籍は通常学級ではなくなるが、通常学級にも〝交流学級〟として参加できる。「今年はマンツーマンで授業を行えていて、個別の特性に応じた教育が受けられる」と先生は話していた。特別支援教育というと、知的障害のある子が通うクラスなのかと思っていた。だが、社会が変化するなかで、「情緒学級」のカテゴリが増え、発達障害を中心に多様な支援ニーズのある子たちの受け皿となり、逃げ場となっていた。

「オルタナティブスクールに近い発想で運営されている学校がこんな身近に？　しかも公立。未来の教育にじつは近いんじゃないの？」とぼくたちはちょっと驚いた。だが、通常学級と特別支援学級では在籍する学級が変わる。住んでいるまちでは、医師の診断も必要になる。「年度途中での切り替えはできない」と言われ、平日の居場所を求めていたぼくたちの期待は失望へと変わっていった。

教育委員会にも駆け込んでみたけれど

在籍学級の切り替えは、カリキュラムが変わる影響の大きさや、学校教員の人員配置が5月1日の子どもの数で決まることから、年度途中では原則できないとされる。だが、発達の特性が困難を生むかどうかは環境しだいだから、入学してみないとわからないことも少なくない。こと環境に左右されやすいHSCにとってはそうで、早期から手厚いサポートが受けられたら、心を傷つけることや不登校になることを防げるケースもあるだろう。

実際、自治体や学校によっては柔軟に受け入れを行うケースもある。この問題については、地域の議員や教育委員会にも相談してみたけど、制度の運用は動かせなかった。ぼくたちが住むまちには、小学生が約2万5000人いて、特別支援学級への入学後の転籍が年に100人いるとのちに議員の人に教えてもらった。もちろん、転籍には慎重な判断が必要だろうし、受け入れる子どもたちや、先生たちのことも考えなければいけないだろう。だが、転籍ができないいちばん大きな理由は、関係者の話を聞いていても「制度がそう運用されてきたから」としか解釈できないものだった(もっとも話自体は親身に聞いてくれはしたが)。

このころ、ぼくたちは学校に行けない、あるいは行きにくい状態にある子どもにとって使い勝手のいい公的な支援制度がないものか模索をつづけていた。子どもたちにとっては、支援を受けられない間、学ぶ権利が保障されず、親も自宅で孤立してしまいかねないと考えていたからだ。文部科学省の調査によると、不登校の子どものなかで、学校だけでなく、教育支援センターや病院など支援機関につながっていない子が35％近くもいる。※共働きの親にとっては在宅ワークの普及がせめてもの救いではあるが、子どものためと、仕事をやめたり、減らしたりすることでなんとかしのぐ人が少なくない。

特別支援学級は、基本的には障害のある子の支援制度の枠組みだ。そもそも、ＨＳＣの支援を想定してこなかったのだろう。そこが、制度の隙間として、深くて暗い大きな穴をぽっかりと開け、子どもたちを飲み込んでいるのだが――。

給食登校がスタート

コーディネーターの先生と出会ってから、むすこは抑うつ状態を脱し、９月から部分的に学校に通えるようになった。書き残していた日記をたどりながら、むすこの回復プロセスを振り返ってみたい。

９月14日［水］

今日は給食のため、12時半に登校。学校に着くと、グラウンドで何人か子どもたちがあそんでいる。むすこは、「誰かあそんでるね」と言ってあとずさりする。「体育をやってるのかな」と言って、手をつないで歩こうとするが、緊張するようで、ぼくのうしろにむすこは隠れていた。

しばらくして、職員玄関にたどり着く。そこから校内に入ろうと思っていたところで、ちょうどコーディネーターの先生から電話が来る。「通常玄関のほうが人の出入りが少ない」と言われ、児童用の玄関に向かう。授業が終わり、子どもたちが教室に戻っていく。むすこは、また緊張してさっとぼくのうしろに隠れる。

日中に、児童用玄関から入るのは久しぶりだった。「自分の下駄箱に入れたら?」と聞くが、いやがるので、来客用の下駄箱に二人で靴を入れる。むすこは、ランドセルではなく、リュックを背負っている。足元は、お気に入りの黄色いサンダル。〝仮の姿〟という意思表示なのかもしれない。在籍クラスのむすこの下駄箱は、蜘蛛の巣がはり、ダンゴムシの死骸が転がっていた……。

「よく来たね」と言ってコーディネーターの先生が、小さなカレンダーにシールを貼って渡してくれる。「給食、教室で食べてみる?」と聞いてくれたが、「一人がいい」とむすこが言うので、空き教室で食べさせてもらう。

※……「令和4年度児童生徒の問題行動・不登校等生徒指導上の諸課題に関する調査結果」(令和5年10月4日)

教室には高学年用の大きな机が一つあり、そこにランチマットを敷く。先生が、クラスから給食を運んできてくれる。

約4ヵ月ぶりの給食を前に、むすこはニコニコ。今日は、中華料理がメニューで、麻婆豆腐と、中華スープ、牛乳と白飯が並んでいる。

むすこは牛乳を一気飲みすると、「加藤くんは、牛乳が嫌いだけど、がんばって飲んでた」と、教室での思い出話を機嫌よく語りはじめる。

中華スープをひとくち食べ、にこり。

「うちのスープと違う？」と聞くと、「うん」とうなずく。

麻婆豆腐もほぼ完食していた。

「楽しいから学校に行きたい」

支援員の先生との関係づくりも順調にスタートを切った。週に1日3時間だけではあったが、むすこはどんどん心を開いていった。その曜日だけはわずか1ヵ月で、親の付き添いも不要になった。

9月22日［木］

本日ついに送迎のみで親なしで学校。安心→離れるは正しい。

9月28日［水］

今日はお疲れモード。放課後、となりの学校に通う親友とあそぶ約束をしていたのだが、その子が風邪を引き、急きょキャンセル。むすこは大泣きした。だが、昼には持ち直して給食を食べに学校に行った。学校ではほかの子たちには会いたくなさそうだが、なんとか別室登校はつづく。しかし、幼稚園にはなんで毎日午後5時までいられたんだろうと不思議に思わなくもない。

9月29日［木］

今日は朝から「早く学校に行こー」と言うむすこ。なんてことないようでいて、すごい発言だ。慌てて準備する親のほうが、遅いくらいで。

親のフル付き添いの別室登校ではあるものの、だんだん校内に居場所ができつつある。ただ、まだ多数の人がいるところにはいられず行動範囲は狭いし、誰かが付き添わなければいけないので個別対応がどうしても必要。

先生たちは自分の担当で忙しい（ゆえに公的に配慮対象になることは重要）から、支援員の先生が来てくれる日以外は、基本的に親が子どもを見守るしかない。コーディネーターの先生が授業時間のあいまあいまで顔を出してくれるものの、長くても30分ほどしかいられない。それだけでもありがたいことではあるが、個別対応のサポート制度をもう少し拡充してほしい。せめて週3くらいサポートしてもらえたら、もう少し安定して通えるだろうし、親も仕事ができるのだが。

不登校になると、その子がクラスにいないことが常態化するので、いざ登校を再開すると、クラスの子たちのざわつきがすごい。別室なので「どこにいるの?」「なんで教室に来ないの?」と質問攻めだ。小学生は遠慮がないし、疑問を抱くこと自体は自然なことだろう。

なので、登校開始時に、クラスの子たちには、「たくさんの人がいる場所が苦手で、別室でがんばっている。あまり質問をしたりすると、いやな気持ちになる子もいるんだよ」などと先生からアナウンスしてもらえるようにもお願いした。

なんというか、人気者でもないのに、クラスの全員が声をかけてくるので、ストレス要因としては要注意だった。先生は、リクエストすると、慣れた仕事のようでほいほいと進めてくれた。

9月30日［金］

今週は、週5で給食を食べたむすこ。入学以来、初めてのことだ。それは、大多数の子どもたちや、自分を含むかつての子どもたちにとって、なんてことないこと。だけど、むすこにとっては大きな一歩で、大きな自信にもなったようだった。

今週は教室に置いてあった将棋にはまって、楽しそうだった。登校の動機が、「楽しいから行きたい」となっている。おもしろそうなゲーム含め、学校にはいろいろなものがあり、多様な役割を持つ大人が集まっている。だけど、「担当」という分業や責任の分担が、担当不在のグレーなゾーンでもがいている子どもたちをフォローしにくくさせているように感じる。付き添い登校していると、「個別」に、「丁寧」に、「継続的」にフォローしないと、居場所はつくれないと思うのだ。

では、それを誰がやるのか？ フリースクールなどの選択肢が増えるなかで、学校側から「学校復帰」を強く求めることはなくなってきている。子どもが学校復帰を希望している場合、親が率先して先生たちを巻き込んでいかないと、事態が好転しにくいようだ。これでは親のコミットメントに子どもの状況が左右されてしまう。しかも子どもの対応で、親は仕事ができなくなる。

おそらく、先生と親の間の中間的な存在が個別で毎日フォローしてくれるのがいちばんいい。そんなこといまの学校ではマンパワー的に無理と言われそうだけど、そこを公的にやらないと、しわよせは子どもにいき、困難を抱えた子どもの自己効力感（自分ならできるという感覚）がむしばまれていきそう。

2学期になって2週目の後半、急にむすこの学校への緊張感がすっと薄れた日があった。その日は、親なしで半日支援員の先生と過ごし、学校内もいろいろ歩けた。これが安心したという状態で、居場所が生まれつつあるということなんだろうなあ。

頼れるものは、すべて頼る

ぼくは、こうしてむすこが回復に向かう過程を見て、「ああ、この子は『学校に行きたくない』と言っていたけど、本当は行きたかったのか」と言葉の奥の気持ちを理解した気がした。そして、別室登校への付き添いを夫婦で毎日のようにつづけ、先生たちと連携しながら、環境を整えていった。むすこは、特別支援学級の様子を見て、「ここなら通いたい」と言うようになった。友だちもいるこの学校に通いつづけたいという気持ちが強くあるようだった。コーディネーターと支援員の先生には、むすこが学校に行かない日を含め1週間どんなふうに過ごしているかを知ってほしくて、毎週日記のような資料を渡したりもした。むすこの動向を可視化する資料は、先生たちにとてもありがたがられた。

10月5日［水］

むすこは、別人のように快活に。というか、もとの快活さに。でも、変わったのは当人ではなく、大きくは親の眼差しと、周囲の理解。

いつのまにやら自分で勉強しはじめたりもしていて、待つことの尊さが身にしみる。本日は、ボートに乗りたいというむすこたっての願いを叶えるべく、はるばる片道1時間、ディスクールの先生がボートのある湖に連れていってくれた。むすこは、ご満悦。

我が家は住んでいるエリアに祖父母や親戚がいない。学校やディスクールがない日は、ファミサポのKさんを頼ったり、元中学校の校長先生夫妻に工作教室を開いてもらったり、友だちに預かってもらったりしながら、その日その日をしのいでいる。工作教室を開いてくれた元校長先生は絵画好きの奥さんと「困ったときの助け合い、共助でやっていきましょう」と言って、不機嫌なむすこでもあたたかく受け入れてくれた。周囲の大人の支えが本当にありがたい。

そんなこんなで、あれこれ手をかけてもがいて、子どもが落ち着いてきたら、学校って、親が必死にがんばって連れていくほどのものでもないんじゃないかと、急に肩の力が抜ける瞬間が訪れた。頭では学校復帰にはこだわっていないつもりだったが、どこかでこだわってたのかなあ。

10月6日［木］

支援員の先生と、2週間ぶりに会えるからか、9時ごろに着替えを済ませたむすこは、いつもの黄色いサンダル、リュック姿で玄関で待っていた。あれこれと、出かける前の持ち物をそろえていると、「お父さん、おそいー」と言う。

いつもの通学路を、むすこはサンダルでペタペタと歩いていく。その足取りが今日も軽い。先生とは、学校にある動物のフィギュアであそぶのを楽しみにしていて、自分が持っているものもリュックに入れていた。

「おもちゃ、持って帰るの忘れないようにね」とぼくが言う。

「お父さんもね。教室にいるんでしょ？」とむすこが聞く。

「いや、一度家に戻って昼に来るよ。10時半に会議があるんだ。朝は10時ごろに先生が来るまでいるよ。そして、給食の前にまた来るつもり」と言ってみたら、「先生がいるから、大丈夫」とむすこは言った。

「先生がいるから、大丈夫」かあ、としみじみ感じ入る。隔世の感である。

そして、9時半過ぎに教室に着き、むすこと教室に置いてあったジェンガをしながら待っていたら、10時少し前に先生があらわれた。

前週までの様子を先生と立ち話していたら、むすこが先生と早くあそびたくて、ジェンガを崩して気を引こうとしている。
そこで、ささっと、教室を離れようとすると、なんの問題もなく、手を振るむすこ。
安心→離れる。
これに一つ付け加えたい。
離れる→自信になる。
いい循環が生まれてきている。

「お父さん、なんで学校に行かないといけないの？」

一方、学校で付き添いをつづけていると、子どもにとって不安を生む、学校の日常風景も見えてくる。

10月19日［水］

むすこと、学校に行くと、グラウンドでは2年生が運動会のダンスの練習を行っていた。
流行曲に振り付けをし、学年全体で踊りを行うようだ。整列や振り付けの様子をむすこは楽しそうに眺めていた。だが、拡声器で指示出しを行う先生の声を聞き、「あの先生は、怖い。ずっと怒ってるね。やだなあ」と、目を曇らせ不安げに言った。

たしかに、発する言葉の一つひとつにとげがあって、聞いていると心がざらざらしてしまう声のかけ方だった。

発せられるのは、「しゃべるな」「動くな」「△△しなさい」という命令や指示ばかり。声音に字義通りの「とげ」があり、聞いていて心が痛む。だけど、先生本人はおそらく気づいていない。これでは、好きなことも嫌いになってしまう子もいるのではないだろうか。

というのも、練習しているのが楽しくていいはずの運動会のダンスなのだ。こうした指導は、「マルトリートメント（不適切なかかわり）」として子どもへの悪影響が指摘されるようにもなってきているのだが。

10月28日［金］

学校に行くことにもずいぶん慣れてきた。グラウンドの遊具であそぶむすこを見守っていると、ふいに「お父さん、なんで学校に行かないといけないの？」と聞かれた。

この半年を経たいまとなっては、無理して行くほどのところではないよなあと思いつつも、「学校に行く必要はないのかもしれないけど、勉強はしたほうがいいと思うよ。言葉がわかればいろんなことを知ることができるし、計算ができれば仕事にも使える」と答えた。

1年生に伝えようと思うと、言葉の選び方がむずかしい。

むすこは、その言葉に応じることはなく、どう響いたかはわからない。

これ、どう答えるのがよいのだろうか？

目覚ましい変化と限界

こうしてむすこの登校は一定程度安定していった。この間、目覚ましい変化が起きた。

- 抑うつ状態・幼児退行から脱し、笑顔が増えた
- 校舎に入ることへの不安がなくなった
- 別室登校できるようになった
- グラウンドであそべた
- 友だちと一緒に下校できた
- 〝宿題〟を自主的にはじめた
- 安心できる先生が増えた

●触れなくなっていたピアノを弾くようになった

だが、やはり学級替えや転籍ができないことの限界はある。11月にあった学校側との面談では、コーディネーターの先生がより多く時間をつくってくれることになった。といっても、なんとか時間を工面して1日30分あるかないか（隙間をぬって先生はがんばってくれていたのだが）。むすこが通常学級に在籍している以上、担任以外は手をかけて対応にはあたれないようで悩ましかった。

関係性とは、時間の積み重ね。どんなにいい先生でも、一緒にいる時間が短いと、ありのままの自分での関係性が築きにくい。年が明けて1月末のある日、些細な失敗がきっかけでむすこは自信を失い、また学校に行けなくなってしまった。

むすこが順調に回復していたので、コーディネーターの先生と話し合い、「図工をやってみよう」と声をかけてもらったのだ。だが、それが「授業ならうまくやらないと」というプレッシャーになってしまったようで、翌日からまた登校できなくなってしまった。一度登校できなくなると、その事実がまた自信を喪失させる。大好きな支援員の先生の日も登校できなくなった。「疲れた」と言って、デイスクールにも足が向かない。寝る前に憑き物がついたかのようなひどい癇癪を起こすようにもなってしまった。

3月2日［木］

むすこは朝ご飯を食べ終えると、パソコンで動画を見はじめる。支援員の先生が10時に来るので、今日は9時半に登校する予定。まあ、いいか。

前日に持ち物の準備をしなかったので、少ししぶっているのかなあと思っていたが、わりとすんなりと着替えは済ませた。9時には動画を見るのをやめ、支度をはじめたので、大丈夫そうかなと思ったら、玄関まで来たところで、「靴のかかとが痛い」と言う。

「靴を替えよう」とか、「もっと奥まで履いたらどう?」とか、言ってみるのだけど、そういうことではない＝行きたくないだけなので、やはり玄関を出ようとしない。

修行が足りずで、「車で行こうか?」とか、「抱っこして連れていってあげようか?」とか、なんとか連れていこうとしてしまうのだけど、むすこからすれば、全部不正解だよね……。

別れることを心のなかで決めている恋人を引き留めるような無力感。さあ、行こうという流れで出かけられるときもあるけれど、今日はうまくいかず。エンドレスの動画に戻ってしまった。むずかしいけど、待つ力かぁ。

生きていくために学ぶこと

学校に行かないからといって、小1の幼子を家に放置しておくわけにもいかない。この1ヵ月半ほどつづいたスランプの時期は、「学校に行かないからこそできることをなるべくやろう」と夫婦で気持ちを切り替えた。平日にスキーに連れていくこともあったし、大好きなレゴにのめり込ませてみたりもした。

そんなある日、デイスクールのO先生が、「こんな話を伝えてくれないか？」とむすこにメッセージをくれた。車を運転しながら、助手席にいるむすこに「O先生からメッセージが届いたよ」とこんなふうに伝えてみた。

「動物たちには学校がないよね。どうしてだろう？」

「わかんない」

「学校が必要ないからじゃない？　その代わり、動物は狩りの仕方を覚えたり、生きていくために必要なことは学んでいくね。生きていくために学ぶのが学校なら、なんだって学校になる。お父さん、お母さんとあそぶことも学校。弟とあそんで、けんかすることも学校。お手伝いも学校。早寝早起きも学校。3食食べることも、おやつを食べることも学校。大好きなレゴだって、友だちとあそぶことだって」

むすこはじっと聞いていた。

そう伝えているうちに、最近見たテレビ番組のことを思い出した。

「ゾウの赤ちゃんは、お母さんに育ててもらわないと、自分の子どもを育てられなくなるんだって。お母さんから、子どもの育て方を学んでるんだね」

すると、むすこは、「そしたら、お母さんが学校なんだね」と言った。

「そういうことだね」とぼくは返した。

この話が、むすこの心をどれだけ軽くしてあげられたかはわからない。だけど、学校に行ける状態になんとか戻さないと、と心の奥で思っていた親の心のほうを軽くしてくれた。

その後、むすこは徐々に回復し、学期末にはまた学校にも顔を出すようになっていった。春休みには緊張の糸もほぐれていった。

エピローグ

2年生の初日、むすこは妻と無事出かけていった。2年生から、むすこは希望していた特別支援学級に転籍することができた。実質、1年生のスタート。登校対応は、完全に妻に任せたので、どうやって連れ出したか詳細は不明。登校刺激を減らすため、学校については妻だけが話すようにして、プレッシャーを極力減らすようにしていた。

初日に登校できた要因は、前日に新しい担任の先生が顔を出してくれたとか、いろいろあるけど、たぶん、一つ、後押しになったのは、近所の友だちとクラスが同じになったことだ（むすこの場合は、交流学級というかたちになる）。

週末に、その子が参加している野球クラブの試合を見に行きたいと出かけ、登校初日を控えた昨日は二人で一緒に野球をしてあそんでいた。

その友だちも、むすこも、家の前でたくさんあそび、午後6時ごろに機嫌よく解散となった。帰り際、「明日も、学校が終わったら野球してあそぼう！」と約束する、むすこたち。

むすこが「学校終わったら、ピンポンしてね」と言って、家に帰ろうと玄関に向かう。と、突然、近所の子が、言い残したことがあったようにむすこを追いかけて駆け出し、「明日、学校来なかったら、あそばんぞ！」と叫んだ。「来ても、恥ずかしくないからな！」と。むすこは、振り向きながら、「必ず行くよ！」と珍しく大きな声で言った。すぐ向き直り、家のなかにすたすたと入っていく。

わずか数秒間の出来事。

なんだ、このドラマのような場面は！

その子もむすこと同じクラスになったことを楽しみにしてくれているのだろう。大人はしてはいけない発言だが、子ども同士の純粋な心のやりとり。なんだか胸にしみる。

そのあと、夕飯を食べながら、むすこは「明日、学校行きたくないなー」と漏らしていた。そりゃ不安だろう。だが、妻はこれまでの反省を生かし、この数日むすこのケアに集中していた。「安心するまで学校にずっと付き添うよ」と繰り返し伝え、安心させてあげていた。

朝はさほど、しぶらず（「寒い、お腹がすいた」と、少しじらしていたが）出かけていった。本人としても期待があるのだろう。

水筒を忘れて出かけていったので、学校まで自転車で届けに行った。廊下から教室を覗くと、むすこはパーティションで区切られた自分の席で、妻のひざの上に座っていた。

なにはともあれ初日だ。きっと、登校できた自信で、今日は清々しく帰ってくるだろう。

学校に行ったら行ったで、またいろいろあるだろうけど、機嫌よく過ごせる日が一日でも多くつづきますように。

＊

2日目は、朝から「学校が楽しい、早く行きたいなー」と言っていた。一夜にして、長らくつづいていたむすこの不機嫌なイライラも、癇癪も、ため息も、すべて収まり、弟にも優しくなった。

劇的変化だ。

その理由は、教室や先生への安心感が醸成されつつあるのもさることながら、学校に大好きなレゴのプログラミング教材があることを見つけたから、というのがけっこう大きい。メカ好きの先生が、むすこのレゴ好きを知って、学校に眠るレゴ教材を倉庫から出してきてくれた。

休んでいる間にレゴにはまったかいがあった。むすこは、当然、没頭。学校は、じつは教材の宝庫だった。

＊

3日目も終日レゴで楽しく過ごす。新しい友だちができる兆しも。

＊

4日目は、寝不足と疲れでお休み。上の子が落ち着くと、下の子が荒れる現象に悩まされ、寝かしつけがなかなかうまくいかない。

――と深夜にSNSに書いていたら、「不安になるから日記を書くの、もうやめたら」と妻に言われた。

「行くか行かないか」に焦点を当てると、不安にさいなまれ、一喜一憂を繰り返してしまうことにようやく気づく。

だいたい、「行くか行かないか」は、もはや重要ではないのは明らかだった。むすこの寝顔を見ていると、休んでいても、自信に満ちて幸せそうなのだ。

親は心配だらけだが、むすこ自身が1年間待っていたのだ。失った時間を取り戻すかのように、むすこの日々が、いま輝きはじめている。

To be continued...

あとがき——行きしぶり↓不登校は繰り返される

むすこの入学当初のことを振り返ると、親としては反省することばかりです。注に記したのは、その反省にもとづく学びの一部で、同じような境遇の方に少しでも役に立てていただければと書き加えました。無理な引き離しの影響はずっと尾を引いていて、むすこの心を深く傷つけてしまったことを本当に申し訳なく思っています。

この日記を本の形として残したのは、ぼくたち夫婦にとっては、子どもの視点に立つことを忘れないための戒めでもあるのですが、一方で、はたして、これはうちのむすこが特殊だから起こる問題なのか、そうではないのではないか、という疑問がずっとぬぐえず、目に見える形にして問題提起してみたいと考えたからでした。

2022年度の文部科学省の調査（「令和4年度児童生徒の問題行動・不登校等生徒指導上の諸課題に関する調査結果」）によると、年間に30日以上欠席する不登校の小中学生は約30万人いて、前年より約5万4000人も増えています。

不登校と一口に言っても、学校に行かなくなる理由や背景は一人ひとり異なり、我が家のケースがそのままほかの子に当てはまるわけではありません。むずかしいのは、子どもがリアルタイムでは、「学校に行きたくない」理由を自ら明確には説明できないことです。

我が家のケースでは、学童で見るテレビが怖かったことからはじまり、ルールの多い学校の窮屈さ、叱りや注意の多い先生への恐怖、教室に友だちがいない孤独、授業についていけないしんどさ、そんな環境に置き去りにされる不安、自分の気持ちを理解してくれない両親への不信などがあいまって、「学校には行きたくない」と明確に主張するようになったように思います。

新環境に慣れるのにひといちばい時間がかかるむすこの特性も、当時はよく理解していませんでした。行きたくない理由は数ヵ月の間でも刻々と変化したり、強化されたりするし、はっきりとした理由がないこともあります。回復の途上では、原因の究明が意味をなさないこともあるし、当のむすこがなにを、どう感じていたのかは明確には言語化されないことも多いため、もっと成長したあとで驚くような理由を聞かされることになるのかもしれません。

こうしたとらえにくさはあるにしても、不登校になる原因や理由が「ない」わけではもちろんありません。文部科学省の学校に対する調査では、不登校になる主要因は子どもたち本人の「無気力・不安」が約半数とされますが、まだ10代かそれに満たない15万人の子どもたちが無気力や不安状態にあるとは、いったいどういうことなのでしょう?

そうした状態・反応が生まれる背景があるはずです（その背景を当事者から詳しく探る文部

科学省の調査がようやくはじまったところです）。ぼくがむすこの小学校に付き添いをつづけ、行きしぶりの子どもたちの話を保護者から聞いていて抱くのは、子どもたちにとって基礎的な安心感や楽しさを感じにくくなってしまっているいまの学校・教室環境への違和感です。誰一人取り残してはいけないはずの公立学校にしばしば共通して見られる環境要因が、この問題に構造的な影響を及ぼしているように感じられました。

35人前後の学級規模で、一人の担任が行う一斉授業。禁止・制限事項の多さと、叱りや注意に頼った指導。評価と競争による子どもの序列化……。熊本大学准教授で教育哲学者の苫野《とまの》一徳《いっとく》さんは、こうした違和感の本質を、「みんなで同じことを、同じペースで、同質性の高い学級の中で、教科ごとの出来合いの答えを、子どもたちに一斉に勉強させる」システムとし、その改革を提起しています（『「学校」をつくり直す』河出書房新社、２０１９年）。

近年は、「教室マルトリートメント」として、教師が指導の名のもとに行いがちな子どもへの不適切なかかわりの問題点も指摘されるようになり、教室を「安全基地」化していくことが、大きなテーマにもなってきています（川上康則編著『不適切な関わりを予防する教室「安全基地」化計画』東洋館出版社、２０２３年）。むすことかかわっていると、環境要因のなかには、先生との対人関係以外にも、学校や教室の空間・時間の使われ方、教具などが含まれ、学校生活に重要な影響を及ぼしていることがわかります。

ＨＳＣは心理学の研究では、よくも悪くも環境から影響を受けやすい気質とされます。学校ではありふれた同質性の高い環境に、ＨＳＣをはじめ、一律に動く集団や、学校教科の評価指標のなかでは自分らしさを発揮しにくい子、あるいは発達がゆっくりした子が直面したときに、行きしぶりや不登校の一部は起きやすいのではないでしょうか。そうした子どもたちは「発達障害」の範疇には入らず、支援する制度的な枠組みが欠けているため、「行きしぶり→不登校のループ」が、毎年繰り返されていくことが危惧されます（もっとも、"支援"の枠組みより、通常学級がよりインクルーシブになる制度設計こそが本質的なポイントでしょう）。

ぼくたち親の世代が子どものころは、「学校に行かない」という選択肢をとる子どもがとても少ない時代でした。そのため我が子が追い詰められている状況に気づかず、「常識」でさらに追い討ちをかけてしまう。追い詰められた子どもたちに必要なのは、周囲の大人が本気で向き合い、寄り添い、支援の手をいち早く差し伸べること。いまはそうわかりますが、渦中にいたころはまったく気づくことができませんでした。そこで、むすこのような「せんさいなぼく」たちの置かれた状況を可視化できないかと、この本を出版することにしました。

不登校の子どもたちの体験記を読み、我が子の回復プロセスを見るにつけ、不登校の子どもにとっての困難さとは、「学校に行きたい気持ちはあるのに、行ける場所がない」ことが大きいのではないかと感じます。

ただ、「学校に行きたい」といっても、在籍しているその学校、そのクラスに行きたいわけではありません。期待して学校に行ってみた結果、教室環境が合わず、自信を失い、居場所を失ってしまった、それこそ「無気力・不安」状態に陥っている子どもも少なくないのではないでしょうか。

本当は学校に行きたくても、安心して行ける場所が身近になく、学ぶ機会が保障されない子どもたちが何万人もいる――そう想像してみると、ことの深刻さが伝わってきます。

現在、文部科学省が掲げる不登校支援は、子どもの社会的自立が目標となり、学校復帰だけが目標とされることはなくなりました。学校は子どもにとって唯一の学びの場ではありませんし、多様な学びの場を確保するうえで重要な変化ですが、一方で、保護者が求めないかぎりは学校は能動的に動かない、という制度となりかねないことを危惧しています。居場所さえ十分に確保できれば、学校は、人も、教材も、とても豊かな資源の宝庫です。学校以外の子どもが安心していられる学びの場の広がりとともに、学校と子どもたちとの関係をいかにつなぎ直していくかが切実に問われているように感じます。

我が子は、ひといちばい感受性が強いことで、刺激が多く、集団のペースで物事が進むことが多い学校の環境に不安や困難を抱えがちです。ですが、困っているのは、感受性の強い子どもばかりではないでしょう。一人ひとりの子どもの成長を待ち、じっくりと寄り添い切れない社会環境が、いまさまざまな問題を表面化させているのではないか、と我が身を振り返りながら思います。

不登校はその一つのあらわれで、行きしぶりは周囲の大人への子どもたちの切実なアラートなのではないでしょうか。どんな子どもにとっても、入学おめでとう、と心から言える、そんな学びの場をぼくたち大人はつくっていけるでしょうか。

＊

本書の出版にあたっては、たくさんの方にご協力いただきました。本書の日記部分は、毎日新聞の子育てメディア「コマロン」（現「毎日新聞ソーシャルアクションラボ　コマロン編」、2022年6月8日～2023年4月7日）に連載された文章を、大幅に加筆修正したものです。連載時にままならない子育てを一緒に悩み、寄り添い伴走してくれた、毎日新聞記者の山内真弓さん、大平明日香さん。全国から届いた「我が家も！」の声が、私的な日記を思い切って公にしていくエネルギーになりました。

愛すべき「せんさいなぼく」たちの言葉にならない複雑な感情を、黄色いサンダルの少年のなかに描き出してくれた、中田いくみさん。「文字を書くことは表現である」をテーマに規格外の美しい題字をつくってくれた廣田碧さん。この本の材料として集まったそれこそ個性豊かでバラバラな（！）表現をまとめ、最適な形に落とし込んでくれた大田高充さん。尊敬する先輩編集者であり、子育ての同志としてこの本の種をともに育ててくれた、小学館の加治佐奈子さん。ほかにも、たくさんの方たちから貴重なアドバイスをいただきながらつくりました。

そして、散々夫婦げんかをしながらも、チーム沢木家の子育てという一大プロジェクトをともにする妻。どんなに家庭内に雨が降り、風が吹き、実際吹き飛ばされても、最後はそれを受け止める懐の深さに、母の偉大さを感じています。そして、二人の子どもたちの存在と個性なくして、この本が生まれることはなかったでしょう。ここに記して、心から感謝します。

最後に、本書を手にしてくれた、読者の方に一つだけお願いがあります。

もし、むすこたちのように学校のことでつらい思いをしている子どもに出会うことがあったら、常識はいったん脇に置いてこう伝えてほしいのです。

「わたしは、きみの味方だ」と。

そんな大人が一人でも増えていくことを願っています。

2024年7月末日

沢木ラクダ

［著者紹介］

沢木ラクダ（さわき・らくだ）

異文化理解を主なテーマとする、ノンフィクションライター、編集者、絵本作家。出版社勤務を経て独立。小さな出版社を仲間と営む。ラクダ似の本好き＆酒呑み。子どもの小学校入学時に付き添いを行い、不登校になる過程を克明に綴った日記ドキュメント（「毎日新聞ソーシャルアクションラボ コマロン編」連載）が反響を呼ぶ。

せんさいなぼくは小学生になれないの？

沢木ラクダ 著

2024年9月25日　初版第1刷発行

装画　中田いくみ
題字　廣田 碧（看太郎）
装丁・　大田高充
編集　加治佐奈子（小学館）
協力　山内真弓、大平明日香

発行人　大澤竜二
発行所　株式会社　小学館
〒101-8001
東京都千代田区一ツ橋2-3-1
電話　03・3230・5905（編集）
03・5281・3555（販売）

印刷所　TOPPAN株式会社
製本所　株式会社若林製本工場

制作　宮川紀穂
販売　椙野晋司
宣伝　秋山優

ISBN978-4-09-389173-8
日本音楽著作権協会（出）許諾第2405889-401号